Production écrite : 30 stratégies au service du texte argumentatif

TABLE DES MATIÈRES.

9 Exemples de productions écrites, corrigées des élèves. La robotisation de la société. Le temps : allié ou ennemi. L'œuvre littéraire : entre lecture et adaptation au cinéma. Les réseaux sociaux. Le procureur de la république : réquisitoire. L'orthographe et le marché du travail. Le conflit des générations : adolescents VS Parents L'écriture comme thérapie. La médecine entre tradition et modernité Faut-il restreindre la liberté des adolescents ?	Page n° 121

<u>1. Savoir rédiger l'introduction :</u>

- L'introduction.

Tout d'abord, l'introduction comporte trois étapes :

1- Amener le sujet ;

2- Poser le problème ;

3- Annoncer le plan, la prise de position ou la question.

L'introduction est comme un entonnoir, la partie la

plus large correspond à la présentation générale du thème. Après, l'introduction se resserre pour rattacher le thème avec le problème posé par le sujet. Enfin, c'est le bout de l'entonnoir, avec la question à laquelle on va répondre dans le développement, ou avec le plan qu'on va suivre.

- Comment amener le sujet ?

Amener le sujet consiste à le présenter d'une manière générale. C'est une sorte de mise en situation.

Sujet 1 :

« L'amitié est un sujet très controversé. En ce qui te concerne, es-tu de ces jeunes qui pensent qu'il est important d'avoir des amis, ou au contraire, de ceux qui pensent qu'avoir des amis, est source de problèmes ?

Donne ton point de vue en le justifiant par des arguments de ton choix »

À partir du même sujet, il sera question de montrer

différentes stratégies pour présenter un même sujet.

Stratégie 1 : Les lieux.

Penser aux lieux, où tu peux rencontrer des amis : où je pourrai rencontrer des amis?

La réponse à cette question te permet de présenter le sujet.

Corrigé 1 :

À l'école, dans les jardins, au stade, dans les supermarchés, sur les réseaux sociaux, on peut rencontrer partout des amis.

Sujet 2.

Pensez-vous que la peine de mort soit la bonne solution pour réduire le taux de criminalité ?

Vous donnerez votre point de vue, appuyé par des arguments pertinents et illustré par des exemples probants.

Corrigé 2.

Certains pays à travers le monde continuent de pratiquer la peine capitale, comme la Chine, les Etats-Unis, l'Iran, L'Arabie saoudite, par contre d'autres pays, l'ont abolie, comme la France, l'Espagne

Stratégie 2 :

La question : comment ?

Comment les parents sont-ils autoritaires ?

Comment pourrait-on avoir des amis ?

Comment on administrait l'euthanasie ?

Comment on exécutait les condamnés à mort ?

Comment les parents interviennent-ils dans les choix… ?

La manière est une bonne piste pour présenter le thème :

Comment pourrai-je avoir des amis ?

Le sourire, l'entraide, la gentillesse et la fidélité sont autant de qualités qui nous permettent de nouer des relations amicales avec les autres.

Exemple 2 : Comment on exécutait les condamnés à mort ?

La pendaison, l'injection létale/ piqure mortelle, la fusillade, la guillotine sont autant de moyens pour exécuter les condamnés et appliquer la peine de mort.

On montre les différentes manières d'appliquer la peine de mort.

La stratégie du constat.

Je constate que ce thème est un sujet sensible.

Sujet délicat, je constate son degré d'importance.

Je situe le thème dans un débat plus général.

Les phrases qui suivent vous pouvez les utiliser avec n'importe quel sujet, il suffit de changer le thème dont on parle.

Stratégie 3 :

Exemple 1 : La question de l'amitié : **Un sujet problématique.**

La question de l'amitié est l'une des questions les plus débattues et les plus problématiques dans la société d'aujourd'hui. Problématique en ce qu'elle divise les gens en deux catégories : les partisans et les opposants.

Stratégie 4 :

La technique journalistique.

Cette technique consiste à parler du sujet sans le nommer. La phrase commence par citer :

La définition du thème.

Les qualités ou les défauts du sujet.

Ses caractéristiques.

Les sentiments qu'il fait naître chez les gens.

L'idée que les gens se font de ce thème.

Cette technique journalistique permet :

1 De créer le suspense chez le lecteur.

2 De piquer sa curiosité.

3 De l'inciter à poursuivre la lecture de la production écrite.

Exemple 1 : Technique journalistique.

L'amitié.

Elle est basée sur la fidélité, l'entraide et le

partage, elle nous permet d'échapper à la solitude, c'est l'amitié.

Cependant, ce thème est un objet de discorde entre partisans/ défenseurs et détracteurs/ opposants.

Exemple 2 : Technique journalistique.

La peine capitale.

C'est une décision décisive et sans appel. Si cet arrêt/ ce jugement est Juste, il rend Justice à la famille de la victime. Si ce verdict/ arrêt/ jugement est entaché par une erreur judiciaire, il fait le malheur du condamné et de sa famille, c'est la peine de mort.

Exemple 4 : Technique journalistique, La peine de mort.

C'est le châtiment le plus suprême, il fait le malheur des uns et rend justice aux autres : c'est la peine de mort.

Cependant, ce thème est un objet de discorde entre partisans/ défenseurs et détracteurs/ opposants

Stratégie 5 :

La réponse à la question « qui » ?

Quelles sont les personnes concernées par le sujet ?

Quel est leur âge ?

Ces personnes sont-elles des enfants, des adolescents, des jeunes, des adultes, de vieilles personnes… ?

Hommes ou femmes, grands ou petits, ou toutes les tranches d'âge confondues.

Exemple 1 : La question « qui ».

Sujet : L'amitié.

Les enfants, les adolescents, les jeunes, les adultes et les vieux, les personnes de toutes les tranches d'âge peuvent avoir des amis.

Exemple 2 : La question « qui ».

Sujet : La femme.

La femme est d'abord notre fille, notre sœur, ensuite, c'est notre épouse et enfin c'est notre mère, notre tante et notre grand-mère.

Exemple 3 : La question « qui », La peine capitale.

Le crime ne connait pas d'âge, tout le monde pourrait le perpétrer/ le commettre : grands ou petits, majeurs ou mineurs, hommes ou femmes.

Stratégie 6 :

C'est une suite de mots de même nature grammaticale.

Par rapport au thème, je cherche trois ou quatre expressions, soit :

Nom, nom, nom.

Adjectif, adjectif, adjectif.

Verbe, verbe, verbe.

Groupe nominal, groupe nominal, groupe nominal,

Etc…

Exemple 1 :

La figure de style : L'énumération (l'amitié).

L'amitié est une valeur chère dans notre société. *Elle consiste à donner sans reprendre, à aimer sans attendre et à s'entraider.*

Exemple 2 : La figure de style.

L'énumération (l'amitié).

Qui dit amitié, dit des moments de joie, des moments de plaisir, et beaucoup de bonheur.

Exemple 3 : La figure de style : L'énumération.

(La peine capitale)

La peine de mort est un jugement sans appel, un châtiment suprême et une décision fatale

2- Savoir problématiser.

Chaque sujet pose un problème qu'il faut savoir identifier, repérer et reposer.

Ce problème est souvent un ***désaccord*** de (sur le) point de vue à propos d'un thème donné. C'est une ***divergence d'avis.***

Certaines personnes approuvent une idée, un

comportement, une attitude, d'autres par contre (les) désapprouvent cette idée, ce comportement, cette attitude.

Autrement dit, certains pensent le bien d'une chose, tandis que d'autres pensent d'elle tout le contraire.

Comment poser le problème ?

Stratégie 7:

L'argent fait-il le bonheur ?

1- Pour :

Certaines personnes pensent que l'argent procure le bonheur et permet de vivre dans l'aisance.

2- Contre :

En revanche, d'autres personnes estiment tout le contraire et croient qu'il y a quelque chose d'autre qui assure le bonheur.

Stratégie 8 : Pour poser le problème.

Sujet : L'écriture permet-elle de soulager les douleurs (les souffrances) ? (le Dernier jour d'un condamné)

Développez votre réflexion en vous appuyant sur

des arguments précis.

Sujet amené :

Personne ne peut contester que l'écriture est quelque chose de très important dans la vie: poésies, journaux intimes, texto, roman, à chacun le genre qui lui convient...

Poser le problème.

Les raisons d'écrire sont diverses/ légions : divertissement, témoignage, et l'on peut s'interroger s'il existe une relation entre l'écriture et le soulagement des douleurs et des souffrances.

Voici la problématique :

On peut s'interroger s'il existe une relation entre l'écriture et le soulagement des douleurs et des souffrances morales.

Stratégie 10:

Pour poser le problème de la similarité.

Sujet : l'amitié.

Après la présentation du sujet, on peut formuler le problème comme suit :

Présentation :

Le sourire, la serviabilité, l'entraide, la gentillesse et la fidélité sont autant de qualités qui nous permettent de nouer des relations amicales avec les autres.

Problème :

Cependant s'il est vrai que pour certains les amis sont importants, il n'est pas moins vrai que pour d'autres personnes, les amis sont une source de problèmes.

Vous pouvez faire appel à cette expression pour poser le problème :

S'il   est   vrai   que

…….........………………………………………………

Il   n'est   pas   moins   vrai

que………………………………………………

Cette expression permet de mettre deux idées sur le même pied d'égalité.

Elle permet d'opérer une analogie, une similitude, entre deux faits, deux idées.

Stratégie 11 : Pour poser le problème.

Sujet : La peine de mort.

Pensez-vous que la peine de mort soit la bonne solution pour réduire le taux de criminalité ?

Vous donnerez votre point de vue, appuyé par des arguments pertinents et illustré par des exemples probants.

Après avoir présenté le sujet, on pose le problème comme suit :

Présentation :

La pendaison, l'injection létale/ piqure mortelle, la fusillade, la guillotine sont autant de moyens pour exécuter les condamnés et appliquer la peine de mort.

Problème :

Dans ce sens, face à la criminalité croissante/ montante, certains pays pratiquent encore la peine capitale, pensant qu'elle réduirait le taux des infractions/ délits/ crimes.

Stratégie 12 : Pour poser le problème.

Sujet : **Les graffitis.**

Beaucoup de jeunes dessinent des graffitis sur les murs des lycées et des quartiers. Pour certains, il s'agit d'un art à encourager, pour d'autres, il s'agit de bêtises (vandalisme) à (qu'on doit) punir.

Laquelle des deux opinions partagez-vous ?

Vous répondrez à cette question dans un développement argumenté et appuyé par des arguments probants et des exemples pertinents.

Exemple :

Présentation :

Sur le mur des écoles, sur les façades des immeubles, sur les murs des quartiers, les jeunes et les adolescents dessinent toutes sortes de graffitis.

Problème :

Toutefois, dans notre société, tracer (dessiner) des graffitis sur les murs demeure un sujet polémique qui partage les opinions entre partisans et détracteurs. Il y a ceux qui pensent que ces graffitis relèvent du domaine artistique qu'il faut encourager, et ceux, par contre, qui croient qu'il s'agit d'un acte stupide (vandale) à punir/ incriminer.

Stratégie 13 : Pour poser le problème.

Sujet : Le vocabulaire.

« Mon vocabulaire était trop pauvre pour mettre au

jour ce qui grouillait confusément en moi »

Partagez-vous le point de vue du narrateur qui pense que le vocabulaire pauvre bloque et freine l'expression écrite et orale ? Appuyez votre point de vue par des arguments et des exemples pertinents.

Présentation :

Au commencement était le Verbe, disait-on. Nos phrases, nos discours et nos paroles sont composés de mots.

Problème posé :

À cet égard/ dans ce sens, aujourd'hui, le narrateur et plus largement d'autres personnes croient que la pauvreté du vocabulaire bloque et freine l'expression orale et écrite.

Stratégie 14 : Pour poser le problème.

Sujet : L'adolescence.

Sujet : "Vivre loin de sa famille est positif pour un adolescent." Partagez-vous ce point de vue?

Développez votre réflexion en vous appuyant sur des arguments précis.

(On amène le sujet)

L'adolescence est une étape difficile dans la vie de tout un chacun. C'est une période où le jeune veut se libérer de toutes les contraintes, surtout les contraintes familiales.

(On pose le problème)

Toutefois, certains vont jusqu'à vouloir vivre loin de leurs parents et quitter la demeure familiale.

3 Savoir poser le plan

Le plan est un chemin qui indique le déroulement de votre développement, votre façon de répondre au problème soulevé par le sujet.

On peut annoncer le plan de différentes manières :

Stratégie 15 : Pour poser le plan :

Sous forme de question.

Présentation :

Enfant, adolescent, jeune, adulte et vieux tous ont besoin d'amitié.

Problématisation :

Mais certaines personnes échappent à cette règle et préfèrent l'isolement et la solitude.

Annonce du plan.

Alors quel est le meilleur choix : avoir des amis ou rester solitaire ? La question est légitime.

Stratégie 16 : Sous forme de phrases affirmatives.

Il s'agit d'annoncer les deux ou trois axes qui seront traités dans le développement.

Exemple.

Présentation :

Enfant, adolescent, jeune, adulte et vieux ont besoin

d'amitié.

Problématisation :

Mais certaines personnes échappent à cette règle et préfèrent l'isolement et la solitude.

Annonce du plan :

Nous allons voir en premier lieu les avantages de l'amitié et en second lieu, nous allons traiter les inconvénients de la solitude.

Stratégie 17 : Prise de position : essai plaidoyer.

Nb : La prise de position se fait sur la base du plan qui sera adopté dans le développement.

La peine de mort permet-elle de réduire le crime ?

(Amener le sujet)

La peine de mort est un sujet qui soulève un débat permanent.

(Problème)

Certains pays l'ont abolie, comme la France, la

Belgique et l'Espagne ; d'autres, comme les Etats-Unis, la Chine, l'Arabie Saoudite ou l'Egypte continuent de la pratiquer, croyant que cette sentence est un moyen efficace pour réduire le taux de criminalité.

(Plan : essai plaidoyer et prise de position)

Il semble que la peine capitale est un moyen efficace pour réduire le taux de criminalité.

Stratégie 18 :

Essai réquisitoire : Prise de position contre :

Le candidat ou l'élève rejette une thèse, critique une opinion, il se prononce contre un point de vue.

Sujet : « Il est temps que les parents arrêtent de décider à la place de leurs jeunes enfants »

Partagez-vous cette idée ?

Présentation.

Souvent, l'être humain est amené à prendre des choix décisifs : mariage, orientation scolaire, voyage, amis…

Problématique.

Pourtant, certains parents n'arrêtent pas d'intervenir dans les choix de leurs jeunes enfants, pensant ainsi les protéger.

Annonce du plan: prise de position.

Or, l'intervention des parents dans les choix et les décisions de leurs enfants semble contreproductive.

Stratégie 19 : **Plan dialectique.**

La peine de mort.

Présentation :

Petit, il a assisté à la guillotine (décapitation) d'un condamné, jeune, il a écrit « Le Dernier Jour d'un Condamné », un réquisitoire contre la peine de mort, Victor Hugo a contribué à l'abolition de cette peine en France.

Problématisation :

Pourtant, sa suppression n'a pas encore fait l'unanimité : certains pays continuent de la pratiquer, d'où le caractère polémique et controversé de cette sentence.

Annonce du plan.

Alors, doit-on supprimer la peine de mort ou doit-on la maintenir ? La question mérite d'être posée.

Dans ce qui suit, nous allons jeter plus de lumière sur cette question.

Modèles d'introduction :

Sujet :

Les parents doivent-ils donner plus de liberté aux adolescents ou au contraire doivent-ils la réduire ?

Modèle 1 :

Dans l'œuvre « Antigone », l'auteur Jean Anouilh traite le thème de la liberté. Le roi impose une loi mais sa nièce Antigone veut être libre et faire ce qu'elle veut. Dans ce sens, certains parents donnent plus de liberté aux adolescents, alors que d'autres la réduisent. D'après vous, quel est le choix le plus judicieux ?

Modèles à suivre :

Dans l'œuvre de................., l'auteur traite le thème

…............. …............ …......

Dans ce sens, certains parents ou certaines personnes

…...............................

Alors que d'autres …...................... Donc quel est le choix le plus judicieux ?

Modèle 2 :

Il va sans dire que la liberté est un thème très polémique et très débattu dans notre société. En effet, ce sujet partage les avis en deux catégories : certains parents pensent qu'il faut donner plus de liberté aux adolescents, alors que d'autres parents s'y opposent. Selon vous, à qui doit-on donner raison ?

Modèle à suivre :

Il va sans dire que …............. est un thème très polémique et très débattu dans notre société. En effet, ce sujet partage les avis en deux catégories : certains …......

pensent……qu............................... alors que d'autres
…........................s'y opposent.

Selon vous, à qui doit-on donner raison ?

Modèle 3 :

L'un des sujets les plus sensibles et les plus délicats est celui de la liberté. Ce thème préoccupe énormément les parents au sujet de leurs adolescents. Dans ce sens, on peut s'interroger sur l'utilité d'accorder plus de liberté aux adolescents ou non ? La question mérite d'être posée.

Modèle à suivre :

L'un des sujets les plus sensibles et les plus délicats est le celui ….............

Ce thème préoccupe énormément les

…................................…..............................

Dans ce sens, on peut s'interroger sur

l'utilité ….............................…........................ ?

La question mérite d'être posée.

Modèle 4 :

Il est incontestable que la liberté est un sujet très discuté et très passionnant dans la société d'aujourd'hui. Dans notre sujet, les personnes concernées par ce thème sont les membres de la famille. À cet égard, certains parents pensent qu'il serait bénéfique de donner plus de liberté aux adolescents. Alors ce point de vue est-il judicieux ?

Modèle à suivre :

Il est incontestable que …................est un sujet très discuté et très passionnant dans la société d'aujourd'hui. Dans notre sujet, les personnes concernées par ce thème sont …..................................... À cet égard, certains …..................... pensent qu'il serait bénéfique/ contreproductif   de …...................................…..

.... Alors ce point de vue est-il judicieux ?

4. Le lexique de l'argumentation.

Il serait judicieux de commencer par rappeler les éléments constitutifs du texte argumentatif.

Le lexique de l'argumentation.

La thèse.

Il importe de la distinguer des arguments, comme le soulignent B. HONGRE et al. « Dans un texte argumentatif, on doit distinguer l'idée directrice appelée « thèse », des arguments, c'est-à-dire les preuves avancées par le locuteur pour justifier son jugement ». La thèse est une idée défendue, une affirmation dont il faut prouver le bien-fondé et la justesse par des arguments. Ceux-ci/ c'est-à-dire les arguments sont au service de celle-là/ c'est-à-dire la thèse.

L'argument.

Le petit Robert définit l'argument comme un : « raisonnement destiné à approuver ou à réfuter une proposition. Preuve à l'appui ou à l'encontre d'une proposition ». Dans le même sens, Denis Baril définit l'argument comme :

« Un raisonnement plus ou moins explicite, par lequel nous nous efforçons de persuader quelqu'un, c'est-à-dire de lui faire acquérir ou de modifier une opinion, de lui faire entreprendre ou infléchir une action »1

L'argument sert donc à justifier un point de vue, une opinion. Ajoutons que même des faits, pris dans une chaîne discursive revêtent une dimension argumentative. À titre d'exemple :

Il pleut :

Michel et Jacques discutent, soudain il commence à pleuvoir : Michel dit à son ami : « Il pleut ».

Michel vient de communiquer à Jacques alors, un constat. Ce n'est pas un argument.

Or, le même fait deviendra un argument.

Il pleut :

Si Michel dit à Jacques :

« Prends ton parapluie avant de sortir, il pleut »

Ce fait observable « il pleut », dans une chaîne parlée, entre dans un raisonnement, et donc

constitue un argument.

L'exemple.

L'exemple sert à illustrer un argument. Arguments et exemples sont étroitement liés. On distingue deux types d'exemple :

L'exemple illustratif « qui suit l'énoncé de l'argument en l'éclairant, le précisant, le concrétisant » 2

Sans les exemples, les arguments paraissent lourds et risquent d'ennuyer le lecteur. Le raisonnement gagne en pertinence s'il contient des exemples « l'éclairant, le concrétisant »

L'exemple argumentatif.

« Qui (Il) présente un cas concret, une situation particulière mais représentative d'un ensemble, ce qui permet de tirer un enseignement général, un argument. » 3

____

L'exemple est concret, il est tiré le plus souvent du vécu.

L'argumentation par l'exemplification.

Elle part d'un exemple spécifique en premier lieu pour le généraliser en second lieu. Ce type d'exemple-argument se trouve la plupart du temps dans le raisonnement inductif.

Les liens logiques.

Ils relient les idées d'un paragraphe, et assure sa cohésion. Ces connecteurs constituent une charnière/articulation/passerelle entre les différents paragraphes d'un texte et garantissent sa cohérence.

L'énonciation.

C'est la présence de celui qui parle (le locuteur) dans son discours.

Le lecteur, doit trouver :

Qui parle,

À qui,

Où,

Quand

Et pourquoi.

Les réponses à ces questions caractérisent ce qu'on appelle le contexte d'énonciation.

Les modes :

Le mode indicatif : quand l'émetteur assume ses propos et défend sa thèse.

Le mode conditionnel : quand l'émetteur marque une distance entre lui et l'idée avancée. Le locuteur présente l'idée avec réserve.

Les différents types de plan :

Une fois que le matériau de l'argumentation est rassemblé : idée, arguments, exemples, citations, etc., le candidat choisit un ordre dans lequel, il va présenter sa réflexion. Autrement dit, c'est une organisation du parcours démonstratif.

Le plan concessif.

Dans ce type de plan, on reconnait avec réserve une certaine vérité dans l'antithèse ; mais on maintient son point de vue avec des arguments plus pertinents que ceux avancés en faveur de la thèse rejetée.

On peut le schématiser comme suit :

Il est vrai que..............................

Cependant/mais ….........................

Le plan dialectique.

Il s'agit comme le fait remarquer Gilbert NIQUET de « montrer la part de vérité de cette assertion {la thèse} comme sa part d'inexactitude » 4

Ainsi, dans un premier temps, le locuteur avance les arguments en faveur de la thèse, et dans un deuxième temps, il met en avant les arguments qui la discréditent, avant de terminer par une synthèse.

Cette dernière est souvent mal comprise. Il s'agit de proposer un nouveau point de vue qui est un dépassement de la thèse et de l'antithèse ou une opinion nouvelle qui tente de réconcilier entre les deux.

4

C'est le philosophe Hegel qui a parlé le premier de la dialectique.

On peut la schématiser comme suit :

Thèse

Antithèse

Synthèse

Le plan critique ou réquisitoire.

Le plan critique consiste à rejeter une idée, à la critiquer, à montrer ses limites et ses défauts. Dans ce type de raisonnement, l'apprenant prend clairement position vis-à-vis d'un sujet. Ensuite, il démontre à travers des arguments et des exemples son inutilité et son inefficacité.

Je suis contre une idée :

D'abord

Ensuite

En plus

Enfin

Plan plaidoyer.

C'est l'opposé du plan réquisitoire ; on prend une thèse et on la défend jusqu'au bout. On démontre sa justesse, son bien-fondé et son intérêt général.

Je suis pour une idée :

En premier lieu

En deuxième lieu

En troisième lieu

Enfin

5 La production des idées

Stratégie 20 :

Stratégie, je fais appel à mes lectures, par exemple je pourrai évoquer le cas du condamné dans le roman « Le dernier jour d'un condamné », si le sujet parle de la peine de mort.

Stratégie 21 :

Le vécu est une banque d'exemples à exploiter : la vie quotidienne offre beaucoup de situations à intégrer dans votre production écrite : faits divers, ce que je vois dans la société, les problèmes que rencontrent mes amis, mes voisins...

Stratégie 22 :

Mon expérience personnelle constitue aussi une mine d'or pour appuyer mon point de vue.

Ce que j'ai vécu.

Ce que j'ai appris de telle situation, etc…

Stratégie 23 :

Les médias sont une référence incontestable à citer pour arguer/ soutenir son opinion :

Les journaux, les magazines, les revues ; la télé, l'internet, la presse électronique, la radio...

Stratégie 24 :

Les bonnes questions sont des clés qui permettent d'apporter des réponses inattendues et surprenantes. Une bonne réponse n'est qu'une bonne question bien formulée.

- Pourquoi ?

- Comment ?

- C'est quoi ?

- Dans dix ans ; comment serait le phénomène/le thème ?

Plus on pose des questions pertinentes, plus on trouve des arguments fondés.

Stratégie 25 :

Penser au contraire et à la négation du thème permet de générer et de produire plusieurs idées :

Sans la famille......

Sans les amis..............

Sans la peine capitale, la criminalité….........

Sans le voyage, …...............

S'il n'y avait pas le progrès technique,........

Stratégie 26 :

La généralisation :

On peut faire appel à l'argument de la multitude, de la quantité, on peut utiliser ces expressions :

Tout le monde.......

La plupart.......

Nombreux sont ceux qui....

La majorité.......

Stratégie 27 :

La philosophie.

La production écrite de l'apprenant gagne en pertinence si elle contient des références philosophiques : en effet, le fait d'insérer une citation dans le corps du texte constitue un exemple qui soutient l'idée défendue par le candidat.

Par exemple :

Comme disait Descartes........

C'est ce qu'affirme Kant …...

Stratégie 28 :

La comparaison passé /présent.

La situation de la femme autrefois, la situation de la femme aujourd'hui.

Le travail autrefois, le travail aujourd'hui.

L'école autrefois, l'école aujourd'hui.

La relation entre les parents et leurs enfants jadis, et cette relation dans l'époque moderne.

Cette comparaison permet de trouver des idées et d'analyser le thème sous le projecteur de la ligne du temps.

Stratégie 29 :

La comparaison entre les pays.

La femme en France, la femme en Amérique, la

femme en Asie.........

Le bonheur en Belgique, le bonheur au Canada, le bonheur au Maroc......

Application de la production des idées.

Sujet :

"Vivre loin de sa famille est positif pour un adolescent." Partagez-vous ce point de vue? Développez votre réflexion en vous appuyant sur des arguments précis.

Modèle de réponse possible « plan concessif »

Les remarques sont entre ( )

Production écrite 1 : L'adolescence.

(On amène le sujet)

L'adolescence est une étape difficile dans la vie de tout un chacun. C'est une période où l'adolescent veut se libérer de toutes les contraintes, surtout les contraintes familiales.

(On pose le problème). Certains vont jusqu'à

vouloir vivre loin de leurs parents.

(Question) Mais est-ce le bon choix ?

Il est vrai que l'adolescent passe par des changements physiques qui touchent son corps : (exemples) voix aiguë, poils, menstrues pour les filles et des changements qui touchent sa psychologie : (exemple) désir d'affirmer sa personnalité, envie de paraitre, révolte, ces changements doivent être compris par la famille. *(On reconnaît une part de vérité à l'antithèse, l'idée qu'on ne partage pas)*

Cependant, (lien logique: exprimant l'opposition) ces changements ne sont pas une raison pour quitter sa famille. (Argument généralisation, tout le monde) Si c'était le cas, tout le monde aurait quitté sa famille à l'âge de seize ans.

(Lien logique) En plus, (argument le vécu) les adolescents cèdent facilement devant les tentations, et ne peuvent résister à l'aventure qui parait rose au début ; cependant quand ils découvriront la réalité amère, ils ne peuvent plus faire marche arrière.

(Exemple sous forme de question rhétorique, oratoire) Combien d'adolescentes sont-elles tombées dans des réseaux de prostitution en voulant fuir la demeure familiale ? Combien d'adolescents, en faisant une fugue, sont devenus des drogués, des toxicomanes, des délinquants (exemple tiré de la vie quotidienne)

Certes, (exemple personnel) je suis adolescent(e), mais je ne peux pas vivre loin de mes parents, cela est inimaginable pour moi.

(Conclusion) Bref, (rappel, résumé du développement) pour ma part, vivre loin de sa famille est un grand danger pour un adolescent.

(Ouverture) Vivre avec ses parents qui ont plus d'expérience n'est-elle pas une condition de réussite dans le parcours scolaire et dans la vie professionnelle ?

Sujet 2 :

La peine de mort permet-elle de réduire le crime ?

Dans un développement argumenté et illustré d'exemples, vous donnez votre point de vue.

Modèle de réponse possible, plan plaidoyer.

Production écrite 2 : La peine de mort.

(Amener le sujet) La peine de mort est un sujet qui soulève un débat permanent. (Problème) Certains pays l'ont abolie, comme la France, la Belgique et l'Espagne ; d'autres, comme les Etats-Unis, la Chine, l'Arabie Saoudite et l'Egypte continuent de la pratiquer, croyant que cette sentence est un moyen efficace pour réduire le taux de criminalité. (Prise de position en faveur d'une thèse) Personnellement, je pense que la peine capitale est un moyen efficace pour réduire le taux de criminalité.

(Lien logique) D'abord, (argument basé sur la religion) toutes les religions monothéistes adoptent la peine de mort. Si tu tues, tu dois être tué, c'est la loi du talion, œil pour œil, vie pour vie...

(Lien logique) Ensuite, (argumentation par la négation) sans la peine capitale, la société devient une jungle où règne un désordre total et où certaines personnes faibles deviennent des proies faciles pour des criminels psychopathes. (Lien logique) Ainsi, (exemple tiré des œuvres littéraires) Victor Hugo, dans « Le Dernier jour d'un Condamné », évoque-il des criminels comme Papavoine, qui a tué deux petits enfants qui jouaient près de leur mère ; comme Dautin, qui a tué sa tante, puis son frère; et comme Louis Martin, qui a tué son père.

(Argument sous forme de question rhétorique) Ces tueurs ne méritent-ils pas la mort à cause de la barbarie de leurs crimes ? (argument tiré des médias) De même, certaines émissions de télé retracent le parcours sanglant de tueurs en série, qui massacrent des dizaines d'innocents ; ces meurtriers ne doivent-ils pas être éliminés de la société ?

(Lien logique) Enfin, (argument par le principe de l'exemplarité) la peine de mort donne l'exemple (un avertissement) à ceux qui seraient tentés de commettre un crime. Et donc ce jugement contribue à diminuer le pourcentage du crime (de la criminalité) dans la société.

(Conclusion) En définitif, (résumé du développement) la peine capitale demeure une sentence nécessaire pour combattre le crime au sein de la société et réduire le taux de criminalité.

(Ouverture) Toutefois, avant d'appliquer un tel verdict, il faut s'assurer d'abord de la culpabilité des accusés. Avec les erreurs judiciaires, des personnes n'ont-elles pas été condamnées injustement à mort ?

Sujet 3 :

Antigone a dit à son oncle Créon : « Des fois, il ne faut pas trop réfléchir »

Partagez-vous le point de vue d'Antigone ?

Production écrite 3 : La réflexion d'Antigone.

Production réalisée par une élève, plan réquisitoire.

Les corrections sont ( ) et les erreurs sont soulignées.

Personne ne peut contester que la réflexion est un

thème très important dans notre société. Cependant il y a des personnes qui pensent comme Antigone, qu'il ne faut pas trop réfléchir. Dans quelle mesure cet avis <u>semble-t-il</u> (semble) raisonnable?

À mon avis, je désapprouve le point de vue d'Antigone et ce pour les raisons suivantes :

D'une part, plus on réfléchit, plus on a le temps de prendre la bonne décision. C'est le cas du mariage, <u>on doit bien réfléchir pour choisir la bonne personne avec laquelle on va continuer notre vie</u> (on doit réfléchir mille fois avant de choisir notre conjoint(e)). En outre, la réflexion est synonyme d'existence, comme disait le philosophe Descartes :

(Argument tiré de la philosophie) « Je pense donc je suis.», ce qui caractérise l'être humain, c'est la faculté de penser et de réfléchir.

Enfin, (argumentation par la négation, l'expression à défaut de, signifie absence de certaines qualités, de certains avantages) à défaut de réfléchir, on finit par tomber dans de graves problèmes. L'exemple le plus parlant est (exemple mobilisé tiré à partir des œuvres littéraires) celui d'Antigone qui n'a pas trop réfléchi à la gravité de son acte et qui a fini par se suicider.

CHAPITRE 6 : **La production de phrases-arguments.**

Nous allons voir des phrases-clés qu'on pourrait utiliser dans la plupart des sujets : d'abord nous allons lister quelques-unes avant de les voir dans les productions des élèves.

Stratégie 30 :

Plus   on...plus on...

Plus on a d'amis, plus on est heureux.

Plus on fait appel à la violence, plus on a de problèmes.

Plus.........on..mieux on...

Plus les jeunes sont bien formés, mieux ils intègrent le marché de l'emploi.

Plus le gouvernement mise sur l'entrepreneuriat, mieux il lutte contre le chômage.

Plus on comprend les causes de la criminalité, mieux on éradique / supprime le crime.

Stratégie 31 :

Plus on...moins on...

Plus on pratique du sport, moins on grossit.

Plus on a d'amis, moins on est triste.

Plus l'école est modernisée et attrayante5, moins les élèves s'absentent et moins ils s'ennuient.

Stratégie 32 :

Ce n'est pas parce que ....que........................

Ce n'est pas parce qu'on a de nombreux amis qu'on

est heureux.

Ce n'est pas parce qu'on a appliqué la peine capitale qu'on va réduire le taux de criminalité.

Ce n'est pas parce qu'on est riche qu'on est heureux.

Ce n'est pas parce qu'on est pauvre qu'on est malheureux.

Stratégie 33 :

C'est   parce   qu'on …..............que....................................

C'est parce qu'on réfléchit bien qu'on trouve les bonnes idées et les bons exemples.

C'est parce que l'élève n'a pas un vocabulaire riche et étendu qu'il a une panne d'idée pour rédiger une production écrite.

C'est parce que certains jeunes n'ont pas accès à une bonne éducation qu'ils basculent facilement dans des réseaux terroristes.

C'est parce qu'on travaille dur qu'on va réaliser nos rêves.

Stratégie 34 :

Changeons........................, …..................changera

Changeons de comportement, notre vie changera.

Changeons de lois, la société changera.

Changeons de lieu et voyageons, notre mentalité et notre personnalité changeront.

Changeons de méthode, le résultat changera.

Stratégie 35 :

La mentalité de...................doit faire place à la mentalité du.........

La mentalité de la paresse doit faire place à la mentalité du devoir et du travail.

La mentalité du pessimisme doit faire place à la mentalité de l'optimisme.

La mentalité de l'orgueil doit céder la place à la

mentalité de la modestie.

Stratégie 36 :

Il ne suffit pas de ………encore faut-il………………………

Il ne suffit pas d'avoir des amis, encore faut-il savoir bien les choisir.

Il ne suffit pas de réformer l'école, encore faut-il former les enseignants.

Il ne suffit pas d'appliquer la peine de mort, encore faut-il lutter contre les causes de la criminalité.

Il ne suffit pas de lire mais il faut aussi, (encore faut-il) comprendre ce qu'on lit.

Stratégie 37 :

Il faut moins de …….et plus de…………………..

Il faut moins de mots, de paroles et plus d'action et de travail.

Il faut moins de prisons comme disait Victor Hugo,

et plus d'écoles pour réduire le crime.

Il faut moins de paresse et de sottises dans la vie et plus de travail et d'assiduité pour réussir.

Stratégie 38 :

…......................est

derrière............................

L'amitié est derrière le bonheur.

La famille est derrière la réussite.

La paresse est derrière l'échec.

Le travail et la créativité sont derrière le succès.

La mauvaise fréquentation est derrière les ennuis/ les problèmes/ les conflits.

Les inondations sont derrière la destruction des infrastructures.

La trahison (L'infidélité) est derrière le divorce.

Stratégie 39 :

La question rhétorique, la question oratoire ou la fausse question.

Est-ce que...
si...........................?

Si................................. **Est-ce que...........................?**

Combien de...?

Est-ce qu'on va régler nos conflits et nos problèmes si on fait appel à la violence verbale ou physique ?

Si on vit tout seul sans amis, est-ce qu'on sera heureux et serein ?

Combien d'innocents ont été condamnés suite à une erreur judiciaire ?

Combien de femmes sont compétentes mais reçoivent un salaire inférieur à celui des hommes ?

Stratégie 40 :

À force de.............….. on finit par……………….….

À force de mentir, on perd la confiance de nos meilleurs amis.

À force de travailler, on finit par réussir.

À force d'entendre des banalités et des futilités, on finit par devenir bête et banal à son tour.

Stratégie 41 :

À défaut de …....................... on devient.............

À défaut de liberté accordée par les parents, on devient timide et renfermé sur soi.

À défaut d'un travail sérieux, on devient fainéant.

À défaut d'imagination fertile, on devient ennuyeux.

À défaut d'humanisme, les étrangers deviennent marginalisés et ostracisés/ censurés/ maltraités.

Stratégie 42 :

À   défaut   de

À défaut d'argent, les gens pourraient s'associer avec le diable pour le posséder.

À défaut de sensibilité et d'humanisme, certains hommes sont prêts à tuer des millions de gens pour rester au pouvoir.

À défaut de parents, l'orphelin manque d'amour, d'affection et de tendresse.

À défaut de planification, notre travail sera bâclé et sans utilité (inutile).

Stratégie 43 :

La mentalité de ……..doit faire place à la mentalité de……….

La mentalité de la timidité doit faire place à la mentalité du courage.

La mentalité du pessimisme doit faire place à la mentalité de l'optimisme.

La mentalité de reporter son travail doit faire place

à la mentalité de l'action immédiate.

Ces phrases vont vous aider à trouver facilement des arguments pour justifier votre point de vue.

Les productions ci-dessous vont illustrer ces phrases-clés :

NB. Un ébook qui porte sur la production des phrases sortira prochainement.

Application des phrases-arguments.

Les phrases-clés sont en gras et soulignées.

Sujet 1: Beaucoup de personnes maltraitent les animaux pour une raison ou pour une autre.

Que pensez-vous de ce comportement ? Certaines personnes maltraitent les animaux. Que pensez-vous de ce comportement ?

Production écrite 4 : La maltraitance des animaux.

Ils sont des êtres vivants, certains vivent avec nous, d'autres dans des fermes et la plupart dans des jungles: ce sont les animaux.

Cependant, dans notre société, on voit que certaines personnes maltraitent les animaux.

Alors que dire de ce phénomène ? Ou ce comportement est-il acceptable et légitime ? Ou ces personnes ont-elles raison ?

Je pense que c'est un acte barbare que de maltraiter les animaux et ce pour les raisons suivantes :

D'une part, *ce n'est pas parce qu'ils ne parlent pas le langage humain qu'on a le droit de les tabasser (battre).* En effet, ces animaux : ânes, chiens, mulets, chats, … ne sont pas des machines, ils ont eux aussi des sentiments et une sensibilité. D'ailleurs, toutes les femelles sont prêtes à mourir (à sacrifier leur vie) pour sauver leurs petits. Et les maltraiter, c'est gommer (abandonner) son humanité et ne garder d'elle que le nom. *Ainsi, plus on bat les animaux, moins on est humain et on devient donc plus une bête humaine.*

D'autre part, *la violence est derrière (amène) la violence.* Celui qui inflige une correction à (a été violent avec) un animal a été victime de violence pendant son enfance, c'est pourquoi, soit il la reproduit, soit il est incapable de réagir face à d'autres personnes plus fortes que lui, il déverse alors sa haine sur des animaux innocents. Il est incontestable qu'il a besoin de (doit) consulter un psychiatre, c'est une personne malade qui l'ignore.

Enfin, les animaux battus à coups de fouet, rendent d'énormes services à leurs oppresseurs : ils transportent leurs marchandises, ils gardent leurs domiciles, et ils sont la source de leurs revenus…*N'est-il pas ingrat de châtier ceux qui nous rendent service* ?

La mentalité de la barbarie envers les animaux doit faire place donc à la mentalité du respect et de la reconnaissance.

En guise de conclusion, maltraiter les animaux, c'est faire preuve de bestialité et de sauvagerie. Et si l'animal était un être humain et l'oppresseur était un animal, ce dernier aimerait-il être roué de coup ? « La planète des singes » est un film édifiant à cet égard.

Sujet 2 :

La bonté, la générosité et la solidarité sont des valeurs nobles dans la société. Pourtant, il arrive qu'elles soient mal récompensées.

Pensez-vous que la non-reconnaissance et l'ingratitude soient une raison suffisante pour refuser toute aide aux autres ?

Production écrite 5 : La solidarité et la non-reconnaissance.

Ce qui constitue la particularité et la spécificité de l'humanité est qu'elle basée sur l'entraide, la générosité et la solidarité. Cependant, il arrive que certaines personnes mordent la main qui leur a été tendue et font preuve d'ingratitude envers leurs bienfaiteurs. Ce comportement, est-il la raison suffisante pour refuser toute aide à autrui ?

Il est vrai que parfois les gens ne sont pas reconnaissants vis-à-vis de (envers) ceux qui les ont aidés

Cependant, je pense que ce genre de comportement

n'est pas une raison suffisante pour ne pas apporter un soutien aux membres de sa société.

D'abord, quand on aide les autres, on le fait par amour, par générosité, sans attendre une quelconque récompense. Si on vient en aide aux autres dans l'attente d'une contrepartie, on devient un calculateur et un matérialiste.

Ensuite, *plus on aide les autres par bonté et pour l'amour de Dieu, moins on est choqué s'il y a un comportement inopportun*.

Beaucoup de personnes font des dons lors d'un téléthon pour soutenir des associations sans penser à une quelconque reconnaissance.

En plus, l*orsqu'on apporte un soutien à un ami ou à un voisin, est-ce qu'on lui dit : « Que vas-tu nous donner en contrepartie » ?* Bien sûr que non. On fait le geste et on oublie tout.

Enfin, la solidarité est comme une mère qui allaite son bébé sans faire attention à ses morsures virulentes, ni à ses griffes piquantes.

Bref, il est impératif d'aider les autres malgré l'existence d'une minorité ingrate. La solidarité est synonyme de sacrifice. ***Toutefois, ne faut-il pas distinguer entre la solidarité et se faire avoir par candeur ?***

Sujet :

L'absence des deux parents ou de l'un d'eux (mort, divorce, voyage, etc..) est-ce un problème pour leurs enfants?

Rédigez un texte argumentatif dans lequel vous exprimez votre opinion.

Production écrite 6 : Vivre sans ses parents.

Ils sont très importants dans notre vie, ils sont les auteurs de nos jours, ceux qui veillent la nuit quand on tombe malade, ce sont les parents. Toutefois, il arrive que les parents, ou l'un d'eux soit absent (mort, voyage, divorce…). Le fait d'être privé de ses parents, est-ce un problème pour les enfants ?

En principe, ***l'absence des parents est la cause d'une éducation déséquilibrée, ce qui pourrait*** *constituer un problème pour les enfants*. En effet, les enfants ont besoin de la tendresse, de l'affection, et de l'amour de leurs parents. *Combien d'enfants ont contracté des maladies psychologiques suite à l'absence de leurs parents ?* L'exemple le plus frappant est celui du personnage d'Antigone, qui en l'absence de ses parents a bravé la loi du roi et a été punie de mort.

Toutefois, certains enfants, malgré la mort de leurs parents, ont su surmonter cette disparition.

Plus ils rencontrent des difficultés, mieux ils relèvent le défi, et ils sont plus déterminés à réussir leurs parcours scolaires et leurs carrières professionnelles. On peut citer comme exemple plusieurs orphelins qui ont laissé leurs noms en lettres d'or dans le livre de l'humanité :

Gandhi a perdu son père à l'âge de 15 ans, Newton a perdu son père à l'âge avant sa naissance, Steve Jobs le créateur d'Appel… ?

En guise de conclusion, l'absence des parents

pourrait être un handicap pour certains et un défi pour d'autres. ***Mais les parents ne devraient-ils pas apprendre à leurs enfants à devenir indépendants et autonomes dès leur bas âge?***

Sujet :

Les réseaux sociaux sont de plus en plus utilisés par les jeunes et les adolescents. Certaines personnes approuvent ces réseaux sociaux, d'autres s'y opposent fermement.

Que pensez-vous de ce phénomène ?

Production écrite 7 : Les réseaux sociaux.

Facebook, Snapchat, Instagram..., sont des réseaux sociaux utilisés par la plupart des jeunes. Certains pensent qu'ils sont bénéfiques, d'autres trouvent qu'ils ont un côté maléfique. Quel est le point de vue le plus judicieux ?

Je pense que ces réseaux sociaux ont aussi bien des avantages que des inconvénients, d'une part, ils permettent de réduire la distance entre les gens. ***En*** *effet, les appels vidéo et les appels audio sont derrière l'abolition et l'effacement des frontières entre les pays du monde.*

En outre, *si ces applications sociales nous permettent de passer une communication téléphonique gratuite, est-ce qu'on va passer par un opérateur téléphonique payant ? La réponse est bien sûr non.*

En plus, des fois on peut ne pas assister aux cours pour des raisons de santé, mais on peut se rattraper grâce à un groupe créé sur Facebook ou sur watts App où la leçon sera partagée par nos amis.

Finalement c'est grâce aux réseaux sociaux que les peuples arabes ont fait leur révolution contre les dictateurs.

D'autre part, ces nouvelles applications à caractère social, peuvent avoir aussi des méfaits/ inconvénients.

D'abord, *à force de passer la plupart de son (du) temps sur ces réseaux sociaux, on finit par devenir un accro voire un addict.*

C'est (Comme) l'exemple de la Chine où des cliniques ont vu le jour, ils soignent les adolescents de l'addiction des réseaux sociaux.

Ensuite, *plus on passe de temps sur Facebook, watts App....moins on communique avec notre famille.* Le monde virtuel l'emporte sur le monde réel :

Combien de fois, on a vu des adolescents qui chattent sur Facebook à longueur de journée, pendant tous les repas tout en négligeant de parler avec leurs parents ?

Par ailleurs, *c'est parce qu'on passe trop de temps sur ces réseaux sociaux qu'on ne réussit pas dans nos études.*

Enfin, *si on partage nos photos sur ces réseaux en y dévoilant notre vie privée, est-ce qu'on est sûr que nos données personnelles ne seront pas utilisées par des hackers pour nous arnaquer et nuire à notre image?*

C'est le cas de plusieurs célébrités qui souffrent des actions malveillantes des hackers qui attaquent leurs comptes sociaux.

En guise de conclusion, les réseaux sociaux ont des avantages comme ils ont des inconvénients, alors on doit faire un usage rationnel et équilibré de ces nouveaux moyens de communication.

Mais, certains adolescents ne sont-ils pas des proies faciles pour les réseaux terroristes qui les attirent via / à travers ces réseaux sociaux ?

Les connecteurs logiques.

Les connecteurs logiques ont pour rôle de relier entre les phrases, entre les idées et entre les différentes parties d'un texte. C'est le matériau qui permet de cimenter le texte.

Fonction : chronologique.

Ils permettent d'organiser le temps, la chronologie entre les idées d'un texte, souvent entre deux idées, entre deux paragraphes, entre deux séquences.

Il est question de classer les éléments de l'argumentation selon un ordre croissant d'importance.

Exemple de connecteurs :

Avant tout

D'abord

Ensuite

Puis

Après

Premièrement

Deuxièmement

Troisièmement

D'une part

D'autre part

D'un côté

D'un autre côté

Fonction : Addition.

Ils permettent d'ajouter un argument ou un exemple nouveau aux précédents.

Exemple :

Non seulement, le bonheur consiste à faire ce que l'on veut, mais il est aussi un caractère, un trait d'esprit.

Exemple de connecteurs :

Dans le même ordre d'idées,

Et,

De plus,

D'ailleurs,

D'autre part,

En outre,

Puis,

De surcroît,

Voire,

Tout au moins / tout au plus,

Plus exactement,

Encore,

Non seulement… mais encore…

Fonction : Illustration.

Ils permettent d'illustrer un argument, une idée.

Ils permettent d'introduire un exemple.

Exemples de connecteurs :

Le cas le plus frappant

Par exemple

Ainsi,

L'exemple le plus significatif,

C'est ainsi que,

Comme,

C'est le cas de,

En particulier, notamment, à ce propos...

Fonction : Relation de causalité.

Ils permettent d'établir une relation de causalité entre deux faits, deux idées.

Ils permettent d'expliciter et de préciser ses arguments.

*Il a retrouvé le bonheur **grâce à** la réunion de sa famille.*

Exemples de connecteurs :

Parce que,

Car,

Puisque,

Grâce à,

En raison de,

Du fait que,

Étant donné que,

Vu que,

Dans la mesure où,

Sous prétexte que,

…

Fonction : Relation d'analogie.

Ils permettent d'établir une analogie, une similitude, une ressemblance, une comparaison entre deux faits, deux idées.

Exemples :

Le bonheur est aussi bien une valeur qu'un plaisir.

Il travaille bien autant que son père.

Exemples de connecteurs :

Aussi… que,

Comme,

Autant que,

Au même pied d'égalité,

Autant,

De même que, de la même façon,

Parallèlement, pareillement, semblablement,

Par analogie,

Plus que,

Moins que,

Fonction hypothétique.

Ils permettent d'introduire une condition, une hypothèse en étant pour ou contre une idée.

Exemple :

L'homme n'éprouve et ne retrouve le bonheur que s'il est généreux.

En admettant que l'argent procure le bonheur, est-ce qu'il peut acheter la santé ou l'amour?

Exemples de connecteurs :

Si,

À supposer que,

En admettant que,

Probablement,

Sans doute,

Au cas où + conditionnel,

À la condition que + subjonctif,

Dans l'hypothèse où, + conditionnel,

Pourvu que...+ subjonctif,

Fonction d'intention :

Ils permettent de présenter le but de l'argumentation.

***Exemples de connecteurs*:**

Pour,

Afin que,

En vue de,

De peur que,

Pour que…

Fonction de transition :

Ils assurent une transition entre les parties, ce sont des charnières et des articulations qui terminent une idée et commencent une autre.

Exemples :

Autant l'argent fait le bonheur, **autant** il peut être source de malheur.

S'il est vrai que l'argent procure le bonheur, il n'est pas moins vrai qu'il pourrait causer quelquefois le malheur.

Exemples de connecteurs :

Après avoir souligné… passons maintenant à…

Autant…………autant………………

S'il est vrai que……………… il n'est pas moins vrai

que………….

Fonction de concession :

On reconnaît d'abord une part de vérité à l'antithèse, mais on la rejette par la suite, on montre ses limites/ ses défaut et on maintient sa thèse.

Exemple :

Il est vrai que l'argent est essentiel dans la vie, **mais** parfois, il nous fait oublier notre famille.

Exemples de connecteurs :

Malgré,

En dépit de,

Quoique,

Bien que,

Quel que soit,

Même si,

Certes, bien sûr, il est vrai que, ….......mais

Fonction d'opposition :

Ils expriment l'opposition entre deux idées, on présente deux faits controversés.

Exemple :

L'expression écrite nécessite une lecture régulière ; **or**, les étudiants et les élèves lisent de moins en moins.

Exemples de connecteurs :

Mais,

Cependant,

En revanche,

Alors que,

Pourtant,

Tandis que,

Néanmoins,

Au contraire,

Or,

Fonction de résultat :

Ils permettent de présenter les conséquences du raisonnement et de l'argumentation.

Exemples :

Ainsi, qui lit tout petit, lit toute sa vie.

L'école a démissionné de son rôle de sorte qu'il produit des chômeurs.

Exemples de connecteurs logiques :

Ainsi,

C'est pourquoi,

En conséquence,

Si bien que,

De sorte que,

Au point que,

De manière que,

De sorte que…

Donc,

Tant et si bien que,

Alors,

Par conséquent,

D'où,

Fonction alternative :

L'argumentation étale les différentes possibilités et les différents choix.

Exemple :

Soit il est né criminel, soit c'est la société qui a fait de lui un hors la loi.

Exemples de connecteurs logiques :

Soit… soit,

Ou… ou,

Non seulement… mais encore,

L'un… l'autre,

D'un côté… de l'autre…

Fonction : nuancer.

Ils permettent de placer la certitude et la véracité d'une idée sur une échelle de nuance :

Idée vraie sur...

À moitié vraie....

L'idée est affectée de doute…

Exemple :

D'une certaine manière, l'euthanasie s'oppose à la morale.

Exemples de connecteurs logiques :

Autant dire que,

Incontestablement,

Presque,

Si l'on peut dire,

D'une certaine manière,

Sans doute, sans aucun doute

Probablement,

Personne ne peut nier,

Apparemment,

Vraisemblablement…

Le conditionnel il serait …. ?

Fonction exclusion :

Ils permettent de retirer un élément de la démonstration et de l'isoler à part.

Exemples :

À défaut de vocabulaire, on ne peut s'exprimer ni clairement, ni aisément.

Excepté sa timidité, elle est vraiment géniale.

Exemples de connecteurs logiques :

Mis à part,

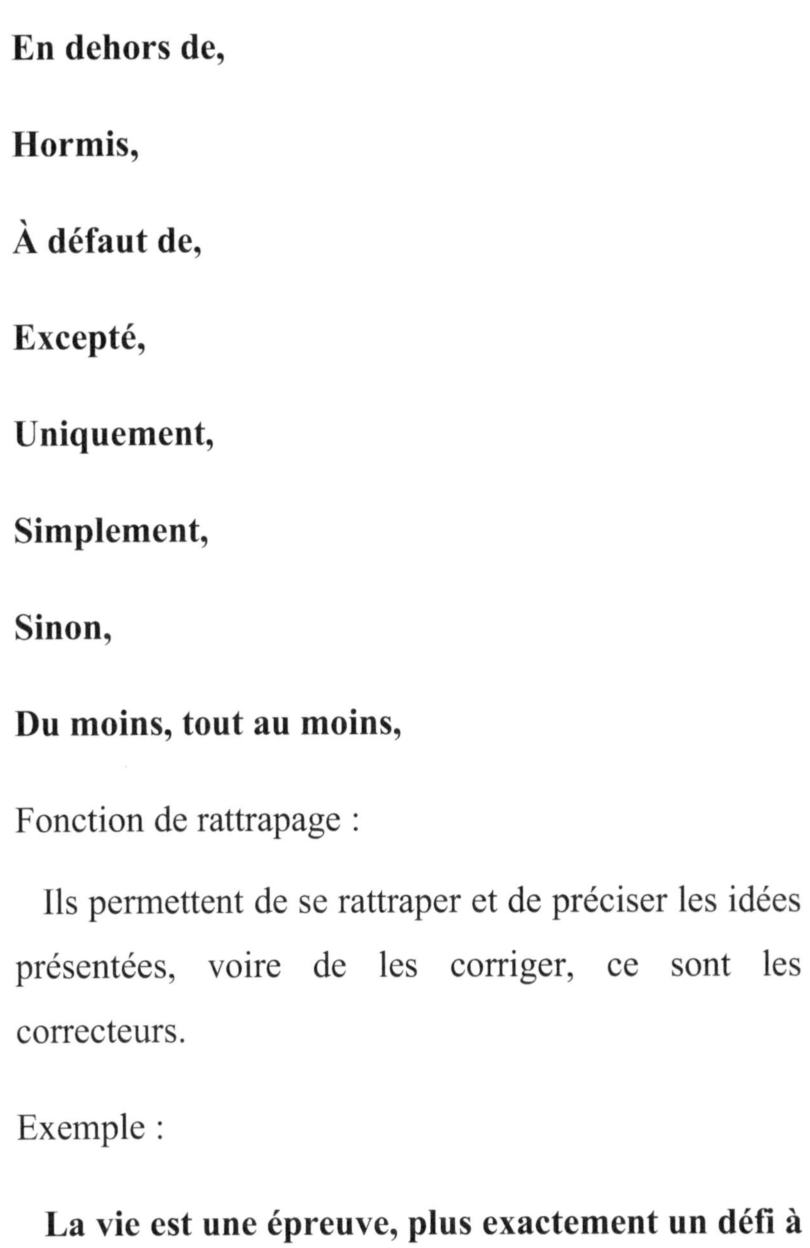

En dehors de,

Hormis,

À défaut de,

Excepté,

Uniquement,

Simplement,

Sinon,

Du moins, tout au moins,

Fonction de rattrapage :

Ils permettent de se rattraper et de préciser les idées présentées, voire de les corriger, ce sont les correcteurs.

Exemple :

La vie est une épreuve, plus exactement un défi à relever.

Exemples de connecteurs :

En réalité,

C'est-à-dire,

En fait,

Plutôt,

Ou,

Ou bien,

Plus exactement,

À vrai dire…

Fonction : Relation logique.

Ils permettent de marquer la fin du raisonnement, de l'argumentation, on termine la démonstration.

Exemples de connecteurs :

En guise de conclusion,

En définitive,

Au terme de cette réflexion,

Bref,

Tout compte fait

En somme,

Pour conclure,

En conclusion,

Finalement…

Ci-dessous, exemples de production écrite illustrant l'usage de ces connecteurs logiques.

Production écrite 8 : La peine capitale.

Vous êtes pour ou contre la peine de mort ?

Essai dialectique : les connecteurs logiques sont en *gras et soulignés*

Petit, il a assisté à la décapitation d'un condamné, jeune, il a écrit « Le Dernier Jour d'un Condamné », un réquisitoire contre la peine de mort, Victor Hugo a contribué à l'abolition de cette peine en France.

Pourtant, sa suppression n'a pas encore fait

l'unanimité : certains pays continuent de la pratiquer, d'où le caractère polémique et controversé de cette sentence.

Nous allons voir en premier lieu les arguments des défenseurs de cette peine, ensuite, il sera question d'analyser les preuves des opposants, et enfin nous proposerons une synthèse qui tenterait de réconcilier les deux avis opposés.

Pour les partisans, la peine capitale demeure impérative *pour* mettre fin au crime. Les arguments avancés sont divers et nombreux.

D'un côté, plus on applique la peine de mort, plus on assure une justice égalitaire au sein de la société, surtout pour la famille de la victime. Son abolition, engendre *alors*, un cycle de violence interminable. *A titre indicatif,* si un criminel tue de sang-froid notre père ou notre sœur, est-ce qu'on pourrait lui pardonner? **D'ailleurs,** personne ne pourrait pardonner à un pédophile tueur et violeur d'enfants même *s'i*l purge une peine de trente ans de prison.

D'un autre côté, le criminel a causé du mal à la société, ***parce qu'***il a transgressé la loi et ***par conséquent***, il pourrait récidiver/ refaire (commettre) un autre crime, s'il sort de prison, ***c'est pourquoi***, il est nécessaire et urgent de l'éliminer et de protéger ***donc*** les membres de la société.

Finalement, sans la peine de mort, la société deviendrait une jungle où le plus fort écrase et domine le plus faible. ***Et partant,*** la loi du plus fort est toujours la meilleure, comme disait la Fontaine dans ses Fables. ***Ainsi,*** la peine de mort ne serait-elle pas constituer un moyen efficace pour lutter contre tous les dangers et les menaces qui guettent société?

S'il est vrai que la peine capitale peut contribuer à mettre un terme au crime, ***il n'en demeure pas moins vrai qu'***elle est, pour les opposants, un acte barbare et inutile.

Pour les détracteurs, les arguments contre la peine de mort ne manquent pas. Pour eux, cette sentence est sans utilité aucune, ***mis à part*** celle d'aggraver le malheur de la famille du condamné. ***Certes,*** cette personne a perpétré un crime, *cependant,* il faut chercher les causes qui l'ont poussée à le commettre.

Au prime abord, ceux qui jugent les soi-disant criminels sont d'abord des hommes. *Or,* les hommes sont par nature imparfaits et parfois, ils passent à côté de la vérité. C'est pourquoi, les erreurs judiciaires se comptent par centaines dans le monde. *L'exemple le plus significatif,* est celui de Omar RADDAD, cet émigrant marocain victime d'une injustice abominable : il a été accusé à tort d'homicide de sa patronne par la justice française. *Ensuite,* ces criminels doivent être considérés, d'après Victor Hugo, *autant que (en tant que)* malades qui ont besoin d'un traitement psychiatrique et non les expédier à la guillotine, à la potence ou à la chaise électrique pour les exécuter. *Enfin,* ce n'est pas parce qu'un pays pratique la peine capitale que le taux de criminalité va baisser. Or, les Etats-Unis, le pays qui adopte ce châtiment suprême connait une hausse considérable de la criminalité.

Tout compte fait, la peine de mort, ayant des

avantages et des inconvénients, reste un objet de discorde entre partisans d'un côté et détracteurs de l'autre. Personnellement, je pense (synthèse : dépassement des deux idées : des partisans et des opposants) qu'il faut accorder une seconde chance au criminel ; *mais* en cas de récidive, la peine de mort serait légitime.

7 Savoir rédiger la conclusion

La conclusion est la dernière partie de la production écrite. Elle est l'aboutissement de l'argumentation sur un sujet donné. Elle est très importante vu qu'elle constitue une réponse claire et précise au problème posé par le sujet.

Une mauvaise conclusion peut nuire donc à toute la production dans la mesure où c'est la dernière impression que garde le correcteur. Généralement, elle se compose de deux étapes.

Stratégie 44 : Le bilan et l'ouverture.

1- Un bilan.

Un rappel de l'idée défendue dans le développement.

En une phrase ou deux, vous reformulez votre thèse.

Autrement dit, vous allez répéter le point de vue que vous avez argumenté dans le développement.

2- Une ouverture.

Vous allez rattacher le sujet avec un autre domaine sous forme de question rhétorique ou de phrase affirmative.

En lisant cette ouverture, on a l'impression de lire un nouveau sujet.

L'ouverture est donc une sorte d'élargissement du thème, on montre que la pensée est prête à rebondir.

Stratégies pour faire l'ouverture du sujet.

Stratégie 45 : La technique de la liste.

On cherche un domaine qu'on pourrait rattacher avec le sujet, plus on liste de domaines, plus on pourrait trouver une bonne ouverture.

Exemples de sujet : L'amitié.

Domaines :

Économie

Livre

L'internet

La prison

Les études

….......

On pourrait maintenant chercher des relations entre l'amitié et l'un des domaines cités ci-dessus :

Exemple 1.

Domaine du livre :

Toutefois, *parfois quand on est seul, le livre ne reste-t-il pas le meilleur ami pour nous tenir compagnie?*

Exemple 2.

Domaine de la prison :

Cependant, *la mauvaise fréquentation ne mène-t-elle pas droit en prison*?

Exemple 3.

Domaine de l'internet :

Aujourd'hui, est-ce que les jeunes et les adolescents n'ont-ils pas plus d'amis sur le monde virtuel de l'internet que dans le monde réel ?

Exemple 4.

Domaine des études :

Or, la fréquentation des amis cancres et nuls, n'influence-t-elle pas négativement sur nos études ?

Il est à noter que certains domaines vont être mis à

la corbeille car il n'y a pas de relation entre ces domaines et le thème traité.

Pour faire une bonne ouverture, on devient en quelque sorte un (on se met dans la peau d'un) professeur et on propose un nouveau sujet à la classe.

Stratégie 46 :

Les mots et les expressions pour le dire.

Voici une liste non exhaustive des expressions qui peuvent vous aider à faire une ouverture du sujet :

Cause.............................

Déclenche................................

Engendre...............................

Dynamite ....

Pousse à...............................

Mène à................................

Contribue à................................

Participe à..

Encourage ....

Réduire..

Est le résultat de...

Est la conséquence de..

Rappelle... ....

Est derrière l'augmentation..

Est   derrière   la   baisse   de.....

....

Exemples de quelques conclusions :

Conclusion 1.

Sujet : vous êtes pour ou contre l'autorité parentale?

Au terme de cette réflexion, il me semble que l'autorité des parents est contreproductive.

Cependant, n'est-il pas vrai que la timidité et la retenue de certains enfants sont la conséquence de

l'autorité de leurs parents?

Conclusion 2.

Sujet : vous êtes pour ou contre la peine de mort?

Plan dialectique :

Pour conclure, la peine de mort reste un objet de désaccord entre partisans et détracteurs. (Dépassement) La justice doit accorder une nouvelle chance à ceux qui commettent un crime par inattention ou en cas de légitime défense.

Néanmoins, la société ne doit-elle pas s'attaquer à la racine du mal en luttant contre les causes qui poussent les individus à commettre des crimes?

Conclusion 3.

Sujet: L'intelligence artificielle va-t-elle remplacer celle de l'homme?

Bref, il est incontestable que l'intelligence artificielle a participé à l'amélioration de la vie de l'être humain.

Toutefois, si la société n'adapte pas ses programmes éducatifs en fonction de ces changements techniques, il arrivera un jour où la machine fera le travail à la place de l'homme (comme on le voit actuellement dans la majorité des pays industrialisés).

Conclusion 4.

Sujet : Les réseaux sociaux sont un sujet polémique : certaines personnes font l'éloge de leurs bienfaits, d'autres mettent en garde contre leurs méfaits. Qu'en pensez-vous ?

En guise de conclusion, les réseaux sociaux ont des avantages comme ils ont des inconvénients, alors les gens doivent savoir comment se comporter derrière l'écran d'un téléphone ou d'un ordinateur.

Mais, certains adolescents ne sont pas conscients du danger des réseaux sociaux. Combien d'entre eux sont tombés dans des réseaux terroristes ou dans des réseaux de proxénètes ?

Stratégies pour éviter le hors sujet.

Pour ne pas faire un hors sujet, je fais attention à deux éléments :

Stratégie 47 :

La répétition.

Ce qui fait la cohérence d'un texte, c'est d'abord la répétition de certains moyens linguistiques :

Reprises pronominales

Reprises lexicales

Synonymies

Métaphore

Périphrase.....

Stratégie 48 :

La progression.

Elle permet de rajouter chaque fois des éléments nouveaux pour faire avancer la réflexion :

Des informations nouvelles,

De nouveaux arguments,

De nouveaux exemples

De nouvelles idées

Application pour ne pas faire un hors sujet.

Exemple1 :

Sujet : La maltraitance des animaux.

Je pense que c'est un acte barbare que de maltraiter les animaux et ce pour les raisons suivantes :

D'une part, ce n'est pas parce qu'ils ne parlent pas le langage humain qu'on a le droit de les battre. En effet, ces bêtes : ânes, chiens, mulets, chats, … ne sont pas des machines, ils ont des sentiments et une sensibilité. D'ailleurs, toutes les femelles sont prêtes à mourir (à sacrifier leur vie) pour sauver leurs petits. Et les battre, c'est gommer son humanité et ne garder d'elle que le nom. Ainsi, plus on bat ces créatures, moins on est humain et donc on devient plus une bête humaine.

D'autre part, la violence ne mène qu'à la violence. Celui qui inflige une correction (du mal) à un animal a été victime de violence pendant son enfance, c'est pourquoi, soit il la reproduit, soit il est incapable de réagir face à d'autres personnes plus fortes que lui, il déverse alors sa haine sur ces animaux innocents. Il est incontestable qu'il a besoin de consulter un psychiatre, c'est une personne malade qui l'ignore.

Enfin, ces bêtes de somme, battus à coups de fouet, rendent d'énormes services à leurs oppresseurs : elles transportent leurs marchandises, elles gardent leurs domiciles et elles sont la source de leurs revenus…N'est-il pas ingrat de châtier celui qui nous rend service ?

La répétition du thème : animal.

Animaux

Ils

Les

Bêtes : ânes, chiens, mulets, chats, ...

Femelles

Ces bêtes de somme

Celui

La répétition du thème 2 : La maltraitance.

Tabasser, battre.

Tabasser

Bat

Frapper

Châtier

La violence

Corrections

Infliger

Déverser sa haine

Battus à coup de fouets

Oppresseurs :

Ainsi je dois répéter le thème dont on parle pour m'assurer que je traite vraiment le sujet posé.

Exemple 2 :

Sujet : L'amitié.

Les véritables amis sont ceux avec qui je m'entends parfaitement et avec qui je partage des goûts semblables et des sensations identiques. Si je rencontre un problème, ils me tendent la main ; si je réussis, ils partagent ma joie. De plus, un vrai ami est comme un frère. C'est mon miroir qui reconnaît mes qualités et corrige amicalement mes défauts.

Par ailleurs, sans mes compagnons, je souffre de solitude, comme le cas de Sidi Mohammed qui n'a pas ce trésor dans la Boîte à merveilles, et cette solitude risque de se transformer en dépression. D'où l'importance des bons camarades (amis).

Répétition identique.

Amis

Reprise pronominale.

Ils, ils

Reprise lexicale.

Compagnons, camarades

Métaphore.

Trésor.

Cette répétition assure donc la cohérence du texte, et permet à l'élève d'être sûr qu'il n'a pas fait un hors sujet et n'a pas pris une fausse piste.

S'il est vrai que le thème se répète, les arguments et les exemples ne doivent pas se répéter. Sinon le lecteur aura l'impression que le texte tourne en rond.

Voici les arguments et les exemples relatifs au thème de l'amitié :

Amitié : entente, partage

Amitié :   aide, soutien, fraternité

Amitié : conseils, encouragement

Amitié : permet d'éviter certains problèmes psychologiques.

8. Exemple de production écrite de l'enseignant.

Sujet : La liberté des adolescents.

Dans le face à face entre Antigone et Créon, la petite princesse affirme "je suis reine" et parait donc plus libre que son oncle.

Pensez-vous qu'il faille donner plus de liberté aux adolescents ou au contraire la limiter ? Vous répondrez à cette question dans un développement argumenté.

Production écrite 9 : La liberté, plan dialectique.

Chaque être a droit à la liberté que la société lui retire s'il commet un délit ; et dans ce sens, certains parents n'hésitent pas à limiter la liberté de leurs adolescents qui se plaignent souvent de cette autorité parentale. Alors faut-il limiter la liberté des adolescents ou l'élargir ?

Plusieurs raisons poussent à restreindre la liberté des jeunes enfants : d'abord, aux yeux des adultes ces adolescents restent toujours des petits nécessitant une protection, d'où la tutelle parentale permanente.

Ensuite, ces jeunes enfants peu immunisés, cèdent facilement à la tentation des images obscènes diffusées sur quelques chaînes satellitaires et sur quelques sites de l'internet; c'est pourquoi, le contrôle parental est salutaire et obligatoire. Enfin, la rue est de plus en plus investie par toute sorte de drogue et par le petit trafic d'objets illicites /interdits, raison de plus pour les adultes de resserrer l'étau autour des adolescents.
Transition.
Autant la liberté a ses détracteurs, autant elle a ses partisans.

Elevé au sein d'une famille accordant à ses membres plus de liberté, l'adolescent fait part à ses parents de toutes ses préoccupations y compris les sujets tabous, et partant la solution émane de la famille de façon concertée. Par ailleurs, les formules comme "mange et tais-toi" "apprends et tais-toi" contribuent à tuer l'esprit créatif, et rendent les enfants timides, renfermés et incapables de faire face aux différents problèmes de la vie.

Ceux qui sont maintenant des jeunes talentueux, des génies, des doués, le sont grâce à la liberté accordée par leurs parents. .

Finalement, plus on limite la liberté des adolescents, plus ceux-ci risquent de se révolter ou de faire des fugues/ évasion/fuir la demeure familiale.

Toutes ces révolutions arabes, auxquelles on a assisté ces dernières années, aspirent à une ère nouvelle de liberté loin de toute dictature muselant/limitant la liberté d'expression.

Il parait donc évident qu'une marge de liberté est importante (nécessaire) et pour la famille et pour la société ; toutefois il incombe/ il revient aux parents de préparer leurs enfants à la vivre dans la limite des règles définies.

Ouverture inspirée des œuvres littéraires.

Jeunes et adultes doivent s'affranchir du mal intérieur qui les possède à l'instar d'Oluf dans le Chevalier Double et du vice de l'avarice incarné par Maître Hauchocorne.

Et ils doivent également se libérer du joug de la soif de la considération sociale comme le montre savamment Molière dans « le Bourgeois Gentilhomme. »

Sujet :

Vous êtes l'avocat du condamné à mort dont parle Victor Hugo dans…? Rédigez un plaidoyer pour le défendre.

Production écrite10 : Plaidoyer pour défendre un condamné.

Monsieur le juge, messieurs les jurés,

Avant de commencer ma défense et ma plaidoirie, je reconnais sans l'ombre d'un doute que mon client a bel et bien commis un crime.

Cependant, avait-il l'intention de le commettre ? A-t-il perpétré ce crime avec préméditation ? La réponse est non. Mon client n'a fait que fuir une mort certaine. Vous n'êtes pas sans savoir que la victime était un hors la loi et qui avait l'intention de tuer cet homme et de le voler. Messieurs, il s'agit d'une pure légitime défense que votre loi autorise.

Pardonnez-moi de faire cette comparaison, mais si vous étiez à sa place, et que la mort flâne sur votre âme, vous feriez l'impossible pour rester en vie et vous ferez (agirez) comme mon client.

Si vous le condamnez, vous condamnez aussi toute sa famille : sa femme deviendra veuve, sa mère perdra sa raison de vivre en perdant son fils et sa petite fille sera condamnée à ne plus prononcer le mot « père ». Réfléchissons un peu, ce n'est pas parce qu'on va condamner à mort n'importe quel criminel qu'on va ramener la victime à la vie.

Ajoutons à cela, si vous condamnez mon client à la

mort, est-ce que vous allez réduire le crime ? Mieux encore, ce jugement infernal (cruel) va-t-il éradiquer/supprimer la criminalité ? L'histoire des condamnations nous dira non.

Messieurs, il est temps de conclure. Si nous sommes réunis dans ce tribunal, c'est parce que du sang a été versé. Et pour corriger cet acte, vous vous apprêtez à verser un autre sang.

Mais si vous devez le faire, condamnez aussi la pauvreté et le chômage qui versent le sang de l'ignorance et de l'injustice. Le crime est un cancer, pour le soigner, il ne suffit pas de traiter ses symptômes, mais il faut s'attaquer à sa racine.

Je vous remercie Messieurs, et je suis sûr que vous allez accorder la vie sauve à mon client.

Sujet :

Pour travailler et gagner de l'argent, certains parents acceptent des emplois qui les éloignent pour longtemps de leurs enfants.

Que pensez-vous du comportement de ces parents ?

Rédigez un texte dans lequel vous exprimez votre point de vue en l'appuyant par des arguments et des exemples précis.

Production écrite11 : Travailler loin de ses enfants.

Plan plaidoyer :

Nourrir une famille n'est pas une tâche facile, et certains pères, pour subvenir aux besoins de leurs familles, sont obligés de travailler loin de leurs enfants pour une longue durée. Ces pères ont-ils raison d'accepter des emplois qui les séparent de leurs familles ?

Aucun père ne voudrait travailler loin de sa famille. Mais parfois, les contraintes de la vie poussent certains pères à émigrer pour gagner leur vie. Je salue le courage de ces pères, et j'approuve entièrement leurs choix.

D'abord, ces parents acceptent de se dépayser pour assurer une vie décente à leur famille. L'exemple le plus significatif pour illustrer ce cas, est le père de Sidi Mohammed dans « La Boite à Merveilles » qui a quitté sa famille pour deux mois afin de la nourrir.

Ensuite, combien de pères émigrent à l'étranger pour travailler et assumer leur responsabilité en tant que père de famille ?

En plus, si ces parents ont trouvé un travail dans leurs pays ou près de leurs maisons, ils seraient restés près de leurs enfants. Enfin, quel est le meilleur choix : rester avec sa famille sans travail, ou aller travailler loin d'elle pour son bien ?

En somme, je pense que ces parents qui acceptent de travailler loin de leurs enfants, ont fait le choix le plus judicieux. Mais suffit-il d'être auprès de ses enfants pour bien les éduquer?

Sujet :

Actuellement, il existe encore des personnes qui pensent que la femme doit rester à la maison pour s'occuper de son foyer et de ses enfants et que c'est l'homme qui doit subvenir aux besoins de sa famille.

Partagez-vous ce point de vue ? Développez votre réflexion sur le sujet en vous appuyant sur des arguments pertinents et sur des exemples précis.

Production écrite12 : La femme et le travail.

Plan concessif :

Dans les dernières années, la femme a joué un rôle important dans le développement de son pays. Elle a occupé plusieurs postes : médecin, professeur, pilote, ingénieur… Mais il existe encore des gens qui croient que le rôle de femme est de s'occuper de son foyer et que c'est l'homme qui doit subvenir aux besoins de sa famille. Ces gens ont-ils raison ?

Certes, le rôle majeur de la femme est de s'occuper généralement de son foyer et plus particulièrement de sa famille. En effet, elle doit veiller sur la stabilité de cette famille en lui offrant amour, tendresse et éducation.

Mais rien n'empêche qu'elle participe à coté de son mari aux frais et aux besoins de la maison.

Ce n'est pas parce qu'elle sort travailler qu'elle néglige sa famille. Et ce n'est pas parce qu'elle reste dans son foyer qu'elle éduque bien ses enfants. En plus, n'est-il pas attesté/vrai que beaucoup d'enfants quittent l'école, et deviennent des délinquants alors que leurs mères ne travaillent pas ?

Par ailleurs, dans certains cas, la femme est obligée de quitter la demeure familiale afin de travailler. D'une part, elle doit nourrir ses enfants dans le cas où son mari serait mort ou bien, dans le cas où le mari serait dans l'incapacité de travailler.

D'autre part, les conditions de vie sont difficiles et coûteuses, ce qui pousse la femme à sortir travailler pour aider son époux. Ainsi, la hausse des prix, le loyer, la scolarité des enfants constituent donc une raison valable pour que la femme ne reste plus à la maison.

En guise de conclusion, la femme a le choix de rester dans son foyer ou de sortir travailler. Personne n'a le droit de lui dicter ce qu'elle doit faire. Néanmoins, si toutes les femmes restent chez elles, le pays ne serait-il pas paralysé?

Sujet :

De nos jours, la presse nous rapporte de plus en plus le cas d'enseignants maltraités ou agressés par leurs propres élèves à l'intérieur même de l'école : insultes, menaces, attaques à l'arme blanche, blessures…

Pour la revue de votre lycée, rédigez un texte argumentatif en suivant ces indications :
- Montrez que ces comportements violents sont inacceptables (c'est une violation de loi) ;
- Exposez les raisons pour lesquelles les élèves doivent absolument manifester (montrer) un grand respect à l'égard de leurs professeurs.
- Donnez un titre à votre texte.

Production écrite13 : La violence.

Respectons les professeurs.

Trois professeurs blessés à l'arme blanche, deux enseignantes menacées et insultées par leurs élèves, le phénomène de la violence contre le corps enseignant prend chaque jour des dimensions alarmantes dans notre lycée, il est temps de se mobiliser pour arrêter ce fléau.

Chers élèves, sachez que ces comportements sont irresponsables et sont punis par la loi. Nous, élèves du lycée, toutes filières confondues, nous condamnons fermement ces actes violents à l'encontre de nos chers enseignants. Autant ces agissements déviants portent atteinte aux enseignants, autant, ils nous dérangent et nous empêchent d'étudier dans de bonnes conditions.

D'ailleurs, ce sont les enseignants qui nous ont éduqués au primaire, au collège et au lycée. On doit se montrer reconnaissant envers eux.

Souvenez-vous chers élèves quand nous étions petits au primaire, c'est l'instituteur qui passait des heures et des heures à nous apprendre l'alphabet, les chiffres, la lecture, etc. Rappelez-vous l'adage qui dit : « Il s'en faut peu pour que l'enseignant devienne un prophète »

L'école est un espace de réflexion, un espace d'échange d'idées, et non une arène de combat. Certes, la Fontaine a dit : « La loi du plus fort est toujours la meilleure » mais cette citation s'applique au monde animal (aux animaux) et non aux hommes.

Bref, respecter nos professeurs, c'est faire preuve de maturité. Avant de venir à l'école, posez-vous la question suivante : « Pourquoi je fréquente l'école ?». Si tu viens au lycée pour te bagarrer et te disputer, tu t'es trompé d'adresse !!

Sujet :

Vos parents interviennent souvent dans des choix décisifs pour votre avenir (études, mariage, loisirs…) A partir de votre expérience personnelle, rédigez un texte où vous montrez si ces interventions représentent pour vous une chance ou un obstacle.

Production écrite 14 : Intervenir dans les choix de ses enfants.

Souvent, on est amené à prendre des choix décisifs ; études, amis, mariage, voyage.... et certains parents, ne font qu'intervenir dans les choix de leurs enfants, pensant ainsi les protéger.

Ces parents font-ils le bon choix?

Nous allons voir dans notre réflexion que ces interventions sont contreproductives.

Certes, les parents sont plus expérimentés, ils savent pertinemment l'intérêt de leurs jeunes enfants, jugés encore immatures et enclins à la promptitude/ empressement ; et c'est pourquoi ils décident à leur place. Cependant, cette ingérence n'est pas bonne pour l'avenir des jeunes.

D'abord, l'intervention permanente de mes parents dans mes choix nuit à la formation de ma personne. Je ne vais jamais acquérir l'autonomie nécessaire pour faire face aux problèmes de la vie.

Je connais beaucoup de jeunes, incapables de se séparer de leurs parents, et si jamais ils se séparent d'eux, ils sont le plus souvent désorientés.

Ensuite, la chance que mes parents puissent

m'offrir, c'est de me laisser prendre tout seul mes décisions et assumer mes choix. Et mêmes si mes choix ne sont pas judicieux, j'ai droit à l'erreur. En outre, l'échec est le premier pas vers la réussite. C'est ainsi que je deviendrai une personne accomplie et épanouie.

Enfin, je demande l'avis de mes parents avant toute décision. Avec la richesse de leurs expériences, ils me guident et me conseillent. Les parents qui s'immiscent/ interviennent dans les affaires de leurs progénitures/enfants ne font donc que signer l'échec de leurs enfants. Combien de filles ont divorcé un mois après leur mariage, car le mari était choisi par leurs parents?

En guise de conclusion, les parents qui se rapprochent de leurs enfants, qui comprennent leur vocation, qui leur offrent l'occasion de décider eux-mêmes, ces parents constituent une grande chance pour leurs enfants. En ce sens, il serait préférable que le rôle des parents soit celui de suggérer et non de dicter des ordres. N'est-il pas vrai qu'aujourd'hui, certains adolescents s'immiscent dans les choix de leurs parents?

Sujet :

Ismène et Antigone ont des opinions opposées au sujet de l'enterrement de leur frère Polynice.

Laquelle des deux sœurs a raison?

Production écrite 15 : Les ainés ont-ils toujours raison ?

Antigone : plan dialectique.

« Antigone » est une tragédie rénovée, publiée par Jean Anouilh en 1944. Dans la troisième scène de la pièce, Ismène tente de persuader Antigone de ne pas enterrer son frère, mais cette dernière semble résolue à accomplir son dessein/ projet.

Nous verrons en premier lieu les raisons d'Ismène et en second lieu, les arguments d'Antigone.

Plusieurs arguments (raisons) justifient la conduite d'Ismène. Premièrement, elle est l'aînée, elle a donc plus d'expérience.

Et plus on a d'expérience, plus on acquiert une grande maturité.

Deuxièmement, c'est parce qu'on transgresse/ brave/ ne respecte pas/ la loi imposée par le roi, qu'on risque une mort certaine, et l'on sait qu'Ismène tient beaucoup à la vie.

Finalement, Polynice était toujours considéré comme un étranger à la famille.

Après avoir vu les raisons d'Ismène, passons à celles (aux arguments) d'Antigone.

D'abord, qui peut voir le cadavre de son frère sans sépulture/ enterrement et rester insensible sans (à ne) rien faire ? C'est pourquoi le devoir familial pousse Antigone à enterrer son frère ; ce devoir est né d'un sentiment intérieur plus fort que celui imposé de l'extérieur. Ensuite, c'est parce que la petite princesse est rebelle et entêtée qu'elle ne peut supporter la vue de son frère sans sépulture.

Enfin, l'âme de son frère ne retrouvera jamais la paix si son cadavre n'est pas enseveli/ enterré.

En conclusion, l'enterrement de Polynice fait donc éclater la discorde entre les deux sœurs. Courageuse et intransigeante, Antigone défie le pouvoir royal, contrairement à Ismène qui est soumise aux règles dictées par le roi. Antigone ne fait-elle pas écho au conflit des générations dont souffre la société d'aujourd'hui ?

Sujet:

Certains pensent qu'il serait plus efficace que notre société prenne des mesures pour éviter la criminalité au lieu de se contenter de punir les criminels.

Qu'en pensez-vous ?

Rédigez un texte argumentatif dans lequel vous défendez votre point de vue.

Production écrite 16 : La criminalité.

Il dérange les gouvernements, inquiète les citoyens, fait régner la peur dans la société : le crime est l'un des fléaux qui suscite un débat permanent. Certains suggèrent de prendre des mesures pour l'éviter au lieu de se contenter de punir les criminels ; nous allons voir donc la justesse de cette opinion.

Il est vrai que l'application stricte de la loi est nécessaire pour punir les malfaiteurs et rendre justice à la famille de la victime (aux familles des victimes) ; cependant, il serait plus judicieux de faire un travail en amont/ au début, pour empêcher les crimes et sauver la jeunesse des dangers de la prison.

A ce propos, Victor HUGO disait dans un poème :

« **Chaque enfant qu'on enseigne (instruit) est un homme qu'on gagne** ». Ainsi l'école est le lieu où la personne apprend les valeurs morales, le vivre ensemble et le respect de l'autre et de la loi. Si le pays n'accorde pas une grande importance à l'enseignement, il est normal que l'échec scolaire atteigne des taux élevés. Et par conséquent, la rue devient la deuxième école et la prison l'enseignement supérieur qui forme pour notre société des criminels professionnels.

Enfin, plus les responsables s'attaquent à la racine du mal, moins il y aura de crime. Au fond, le vrai criminel, c'est le chômage, c'est la pauvreté, c'est l'injustice sociale, etc. Si on trouve des solutions à ces problèmes, la criminalité deviendrait une exception, et non la règle.

Tout ce qui précède nous amène à conclure que le mieux serait de faire un travail pédagogique et préventif d'abord ; et ensuite intervient la punition. Mais si les gens qui sont au pouvoir sont des voleurs, des personnes corrompues qui échappent à la justice, comment pourrait-on moraliser le reste de la société ?

9. Productions écrites corrigées des élèves.

Les phrases à refaire sont soulignées et le corrigé est **en ( ) gras.**

Sujet :

Aujourd'hui, grâce à l'intelligence artificielle il y a de plus en plus de robots qui effectuent des tâches que seul l'être humain pouvait faire.

Alors faut-il s'inquiéter de ce phénomène de robotisation?

Production écrite 17 : La robotisation et l'intelligence artificielle.

Depuis la révolution industrielle, l'homme a créé des machines qui remplacent le travail manuel traditionnel l'aidant ainsi à produire de plus en plus de choses. Tout au long de l'évolution de la technologie, les robots commencent petit à petit à éliminer le rôle de l'être humain dans plusieurs domaines : industrie, agriculture… Certains spécialistes comme Bill Gates pensent que la machine va remplacer l'homme à l'avenir. Alors, faut-il s'alarmer de ce phénomène ?

Certes, l'utilité des robots dans la vie quotidienne est indéniable, <u>ils servent à réduire le temps et l'effort économiser l'effort pour faire une tâche précise exercer pour faire ses activités.</u> (Ils **nous permettent de gagner beaucoup de temps et partant on pourrait faire (s'adonner à) nos activités favorites : lire des bouquins, faire du sport, sortir**

avec les amis… .)

Mais, l'exagération à l'utilisation **(l'abus de l'usage des machines)** ne peut qu'influencer négativement sur la place (le rôle) de l'homme. D'abord, plus on a recours aux robots, moins il y a de métiers pour l'être humain.

Et par conséquent, la société va souffrir du chômage, chose qui ce qui **(ce qui risque d')** engendrer beaucoup de problèmes sociaux : l'élévation **(la hausse)** du taux de criminalité, des familles à l'épreuve de la précarité …disparition de certains métiers : disquaire, chauffeurs, Google-car, Uber, d'autres sont menacés comme les mécaniciens, les caissières....

Est-ce qu'on peut assumer ces conséquences catastrophiques ? La réponse est sûrement (bien sûr) « non ». Ensuite, la dépendance aux **des** robots rend les gens paresseux, inutiles et stupides, étant donné qu'elle réduit la créativité de l'être humain.

La mentalité de l'usage modéré des machines doit

<u>faire place à la mentalité de la dépendance totale à celles-là.</u> **(La mentalité de la technique destructrice doit faire place à la mentalité de la robotique humaniste. La machine doit être au service de l'homme et non l'inverse)**

En conclusion, la place de l'homme est irremplaçable, les machines peuvent contribuer par l'intelligence artificielle à faciliter les tâches quotidiennes, mais <u>elle ne peut</u> **(elles ne doivent jamais tenir la place de l'homme qui se caractérise par la créativité.)**

Alors, l'homme doit tirer profit des robots et des machines sobrement et intelligemment en sachant et contrôlant en les contrôlant (les contrôler).

A ce point, la sensibilisation, la formation et la conscience ne sont pas (ne sont-elles pas ?) les bonnes solutions pour se protéger contre ce danger ?

Sujet :

Le temps est-il un ennemi ou un allié (ami) ?

Production écrite 18 : Le temps ennemi ou allié ?

Tout ce que l'homme fait dans sa vie est en fonction du temps, et il se fait dans un temps bien déterminé : études, profession, mariage, amusement (jeu), et même la prière. Certaines personnes pensent que le temps est un ennemi, d'autres voient en lui un allié. Quel est le point de vue le plus raisonnable ?

Certes, le temps est précieux <u>surtout si on en bien profite</u> (**si on sait comment bien en profiter**). Mais s'il est mal exploité et mal organisé, il engendre des résultats catastrophiques ; <u>chose qui le rend un adversaire redoutable contre l'homme.</u> (**ce qui fait de lui un ennemi redoutable**)

En effet, en observant la société actuelle, on constate que tout va très vite : fast-food, communications via sms, … Il va s'en dire qu'on a perdu le sens de la vie à force d'être pressé par le temps et emporté par lui, et partant, ce torrent nous emmène droit à l'échec sur le long terme si ce n'est pas sur le court terme.

<u>D'abord, plus on rentre dans le labyrinthe du temps moins on en profite vraiment.</u> **(Moins on gère bien notre temps, plus on le perd.)**

Ensuite, à défaut d'avoir quelque chose à faire dans la vie, on devient inactif et désœuvré. La personne se trouve donc entre le marteau de l'oisiveté et l'enclume de l'ennui.

En conclusion, le temps peut être un ami qui nous aide à réaliser nos projets, et il peut être aussi un ennemi qui nous empêche de poursuivre et de concrétiser nos rêves et nos objectifs.

Alors, n'est-il pas évident que la mentalité de la procrastination/ le fait de reporter son travail au lendemain, et du report doit faire place à la mentalité de l'action immédiate ?

Remarques :

La production écrite serait meilleure si elle avait traité et parlé de la question : « Comment le temps pourrait devenir un ami, (un allié) ? »

L'élève a parlé juste du temps en tant qu'ennemi.

L'image du marteau et de l'enclume est belle.

L'ouverture est bien faite.

Sujet :

Préférez-vous la lecture des œuvres littéraires ou voir leur adaptation au cinéma ou au théâtre ?

Production écrite 19 : Œuvres littéraires, entre lecture et cinéma.

Pour oublier le stress et les problèmes de la vie, et pour se ressourcer, il n'y a rien d'aussi important que la lecture d'un chef-œuvre. Cependant, d'autres personnes préfèrent voir ce roman adapté au cinéma. Alors, le dilemme est de choisir entre lire un roman ou aller voir son adaptation au cinéma?

D'une part, la lecture d'un roman a plusieurs avantages : D'abord, on apprend beaucoup de mots nouveaux. Ensuite, on enrichit notre capital culturel à travers la découverte des coutumes, des civilisations, et de l'histoire des pays. Enfin, lire un roman développe notre imagination et nous procure un plaisir immense.

D'une autre part, (**D'autre part,**) le film a aussi des avantages : D'abord, il peut durer au maximum deux heures, (**il économise le temps**), ce qui nous permet de faire autre chose ou d'autres tâches : écrire, faire ses devoirs, sortir avec les amis. (**Ses amis**...) En plus, un roman adapté au cinéma aide à mieux comprendre l'histoire par concrétiser les personnages, et les lieux, et les événements, (**Car on donne à voir le lieu de l'action et les personnages du roman sont incarnés par des acteurs**) tel que (**tel le**) roman « Harry Potter » qui est devenu l'un des meilleurs films dans le monde entier. Enfin, assister à un film renforce (**développe**) la mémoire visuelle, ce qui est très important pour assimiler les informations et les intégrer dans la vie quotidienne.

En guise de conclusion, voir un roman adapté au cinéma est mieux que passer des heures, voire des jours, pour le lire.

Remarques :

La conclusion est à revoir. Concilier entre les deux choix serait souhaitable.

Exemple :

D'abord lire l'œuvre littéraire et par la suite voir son adaptation et enfin faire une comparaison entre les deux.

Sujet :

Les réseaux sociaux sont un sujet polémique : certaines personnes font l'éloge de leurs bienfaits, d'autres mettent en garde contre leurs méfaits. Qu'en pensez-vous ?

Production écrite 20 : Les réseaux sociaux.

Facebook, Snapchat, Instagram..., sont des réseaux sociaux utilisés dans le monde entier. Certains pensent qu'ils sont bénéfiques, d'autres trouvent qu'ils ont un côté maléfique. Alors, à qui donner raison?

Nous allons voir en premier lieu leurs avantages,

avant de souligner en second lieu leurs méfaits.

Certes, les réseaux sociaux nous permettent de nous connecter au monde, de découvrir beaucoup de choses : nouvelles, actualité, infos, leçons... et de contacter la famille et les amis avec une facilité incroyable: appel vidéo, appel audio ou appel audio-visuel; ce qui aide à rendre les distances plus courtes **(Ce qui réduit la distance entre les gens)** et de partager les moments tristes et les moments de joies avec nos êtres chers qui sont loin de nous.

En revanche, cette nouvelle technologie (**ces nouvelles technologies de communication peuvent)** peut avoir des malfaits (**méfaits**) bien plus que des bienfaits.

On risque de devenir accro aux réseaux sociaux, et cela influera sur nos études, sur notre travail et même sur notre relation avec la famille dans la maison. L'exemple le plus significatif est celui de certains adolescents qui prennent en plein repas une cuillère dans une main et le Smartphone dans l'autre.

En outre, les réseaux sociaux nous donnent une liberté absolue pour partager nos photos, nos fichiers privés, que ce soit dans des groupes ou sur notre propre mur. Alors, qui nous garantit que ces dossiers personnels ne seront pas utilisés par quelqu'un pour <u>nous faire mal</u>? (**nous faire du mal**)

<u>C'est le cas de plusieurs célébrités qui souffrent des actions des hackers qui attaquent leurs comptes sociaux</u> (**C'est le cas des comptes de certaines stars piratées par des hackers pour retoucher leurs photos**) par des programmes comme le Photoshop et les donner en pâture au public, <u>chose qui influence l'image des célébrités les plus respectées.</u> (**Ce qui ternit / dégrader l'image publique de quelqu'un, l'image de ces célébrités**)

En guise de conclusion, les réseaux sociaux ont des avantages tout comme ils ont des inconvénients, alors les gens doivent savoir comment se comporter derrière l'écran d'un téléphone ou d'un ordinateur.

Mais, certains adolescents ne sont pas conscients du danger des réseaux sociaux. Combien d'entre eux sont tombés dans des réseaux terroristes ou dans des réseaux de proxénètes ?

Sujet :

Vous êtes le procureur de la république, rédigez un réquisitoire contre un criminel qui a tué un innocent.

Production écrite 21: Réquisitoire contre un criminel.

Monsieur le juge, messieurs les jurés, mesdames et messieurs.

Si je me trouve aujourd'hui devant vous, c'est pour vous dire qu'on ne doit pas <u>ressentir la pitié</u> (**ressentir de la pitié**) envers ce criminel qui a commis un crime affreux et impardonnable.

Il a tué un homme innocent. Personne ne peut <u>constater</u> (**contester**) ou nier que la lutte contre la criminalité est une nécessité urgente et à cause de son homicide <u>il a participé à la déstabilisation de la société</u>. (**il a fait le malheur de toute une famille**)

Ensuite, il est devenu un danger pour les citoyens. Messieurs, je me permets de vous rappeler que quand cet assassin était en train de commettre cet acte odieux, est ce qu'il a pensé à la famille de la victime et qu'il <u>allait laisser</u> (**allait rendre**) une femme veuve et des enfants orphelins sans quelqu'un pour les protéger contre <u>la sauvagerie de cette société</u>? (**Les aléas/ les difficultés, les hasards de la vie. Bien sûr que non.**)

Quelle est la faute de ces enfants innocents qui ont été privés de leur père et<u> ils sont à l'âge de 5 ans ou bien 6 ans</u> (**inutile car le mot enfant contient ces informations**) **ces petits, ces anges** ont besoin d'amour, de tendresse et de protection, alors<u> il</u> (**cet assassin**) ne mérite pas le pardon. D'ailleurs, plus on pardonne aux coupables plus ils vont commettre des crimes encore plus graves (atroces). Sa condamnation à mort sera une leçon pour tous les malfaiteurs (criminels).

Laissez-moi vous dire messieurs les jurés, il n'existe aucune garantie pour qu'il ne puisse pas commettre d'autres crimes s'il reste vivant. C'est un mal ? qui adore verser le sang.

Enfin monsieur le juge, messieurs les jurés, votre véritable rôle est d'appliquer la loi.

Je vous remercie.

Sujet :

Les erreurs d'orthographe peuvent-elles empêcher un candidat de décrocher un job, un emploi ?

Production écrite 22 : L'orthographe et l'emploi.

De nos jours, beaucoup de chercheurs d'emploi ne s'intéressent pas à la qualité de leur orthographe lors de la rédaction d'un CV, ou d'une lettre de motivation. Certains recruteurs pensent que les fautes d'orthographe <u>est</u> **(sont)** devenues un véritable fléau. Alors, <u>peuvent-elles</u> **(ces erreurs pourraient-elles)** être un obstacle à l'emploi?

Certes, l'erreur est humaine, personne n'est parfait, <u>quoi que ce soit</u> **(qu'il s'agisse)** de fautes de frappe ou de fautes d'inattention, on peut <u>oublié</u> **(oublier)** un «s», une virgule, ou même des fautes de grammaire.

Cependant, cela <u>dépend aux recruteurs,</u> **(dépend**

des recruteurs,) si ces fautes ne sont pas nombreuses, certains les <u>dépassent</u> **(tolèrent),** les acceptent et même elles peuvent être éliminées par une simple relecture en <u>se concentrant sur les compétences et les avantages</u> ou **(on demande à un professeur de corriger la lettre de motivation,)**

D'autres recruteurs <u>n'en laissent pas une seule échappée</u>. **(ne laissent pas une seule faute s'échapper.)**

Ils pensent que les fautes d'orthographe reflètent (montrent) un manque de respect à l'égard de l'entreprise recruteuse. Si on dépasse l'étape de recrutement, il serait intolérable de continuer à commettre des fautes d'orthographe. Est-ce que nous n'avons (n'aurions) pas un sentiment d'humiliation et d'infériorité si notre supérieur ou un collègue pointe nos erreurs d'orthographe ?

En plus, les réseaux sociaux ont une grande <u>intervention dans ce fléau,</u> **(une influence négative à cause)** de l'utilisation du langage du chat : des abréviations, des mots contractés « koi » au lieu de

« quoi » …

À mon avis, une bonne orthographe et une bonne grammaire sont un signe d'intelligence et une <u>image approximative</u> (**une bonne image de la personnalité**) des candidats et je pense qu'il n'est jamais trop tard pour améliorer son orthographe.

N'est-il pas vrai que c'est grâce à nos erreurs qu'on apprend le bon usage de la langue?

Sujet :

Votre relation avec vos parents est-elle une relation de conflit ou d'entente et d'harmonie ?

Production écrite 23 : Conflit des générations.

Les parents ont toujours été des éléments très importants dans la vie d'un adolescent, mais parfois <u>ces précieuses grâces,</u> (**ces êtres chers**) peuvent se transformer en (être) source de souffrance et de contrainte ; et cela influe négativement sur la vie du jeune adulte en général. La présente réflexion me donnera l'occasion d'évaluer ma relation avec mes parents.

Sans doute, ma relation avec mes parents est très bonne grâce à de nombreux facteurs qui rendent ma vie au sein de ma famille très heureuse.

D'abord, mes parents ont un sens de l'humour très agréable et ils ne sont toujours ni trop stricts ni trop sévères. Et puis ils savent toujours comment trouver des solutions à mes petits soucis. Par exemple nos repas en famille constituent toujours un rendez-vous important pour tous ses membres, j'oserai même dire qu'ils sont sacrés.

En effet, nous ne mangeons presque jamais devant la télévision. On apprend ainsi les nouvelles de chacun de nous. C'est très agréable qu'un adolescent <u>sent</u> (**subjonctif sente**) que ses propos intéressent ses parents.

Ensuite, mes parents ne se mêlent jamais<u> à mes décisions,</u> (**de mes décisions**) surtout quand il s'agit du choix de mes amies. Mais ils sont toujours là pour me donner conseils et recommandations qui me guident dans ma vie.

Le choix de bons amis étant bien sûr un élément décisif dans la réussite. C'est aussi le même cas pour mon orientation scolaire que j'ai vécue récemment.

Alors que certains parents obligent leurs enfants à choisir des branches d'étude qui ne correspondent pas toujours à leurs intérêts, les miens préfèrent me montrer les branches qui existent et leurs horizons et <u>me laisser</u> (**me laissent**) choisir ce qui me convient.

En guise de conclusion, je tiens à dire que les parents doivent être très intelligents dans leurs comportements avec leurs enfants adolescents et suivre une stratégie bien équilibrée afin <u>de les éduquer bien comme il faut</u>. **(de bien les éduquer).**

Et la meilleure stratégie, à mon avis, est celle de mes parents.

Sujet :

L'écriture permet-elle de soulager les douleurs (les souffrances morales) ? « Le Dernier jour d'un condamné. »

Dans un développement argumenté, vous donnez votre point de vue, appuyé par des arguments et illustré par des exemples.

Production écrite 24 : L'écriture comme thérapie.

Personne ne peut nier que l'écriture est un sujet (chose) très important(e) dans la vie : poésies, journaux intimes, texto, roman...Certains pensent que l'écriture apaise les souffrances, et d'autres croient le contraire, que l'écriture (elle) ressuscite les maux. Alors à qui doit-on donner raison?

Certes, parfois l'écriture soulage les souffrances, mais pour moi la plupart du temps, <u>réveille</u> **(elle réveille)** mes douleurs (peines).

D'abord, plus j'écris, plus je pleure et plus je suis malheureuse et triste. Même quand je fais tout pour oublier mes souffrances, <u>chaque fois, quand</u> **(chaque fois que)** j'écris je souffre. L'écriture restera l'essence qui attise le feu de mes souffrances.

Ensuite je me souviens que quand j'étais en classe et lorsque mon prof nous a demandé d'écrire un souvenir, j'étais en proie à des sentiments douloureux et j'ai fondu en larme. Je suis restée muette, incapable d'écrire un mot.

En guise de conclusion, lorsque nous écrivons, nous <u>ne oublions</u> **n'oublions pas** nos malheurs et l'écriture n'apporte guère de solutions. On peut oublier pendant un moment, mais cela ne change rien. Est-ce qu'on réglera le problème du chômage si on écrit?

Sujet :

Malgré le développement de la médecine, certaines personnes continuent à préférer les soins de la médecine traditionnelle. Partagez-vous ce choix ?

Développez votre point de vue à l'aide d'arguments précis.

Production écrite 25 : La médecine entre tradition et modernité.

Depuis l'apparition de la médecine moderne, on la trouve toujours en conflit avec la médecine traditionnelle ; puisque certaines personnes préfèrent aller chez les guérisseurs <u>pour se soulager les maux,</u> **(soulager leurs maux)** au lieu de consulter les médecins. Quelles sont alors les causes qui poussent ces gens à se donner (s'adonner) aux pratiques de la médecine traditionnelle ?

<u>Ce choix est justifié</u>. **Quel choix, il faut le préciser.**

D'abord, la pauvreté est l'un des facteurs principaux qui poussent cette catégorie de personnes, venant surtout des milieux pauvres, à se donner (s'adonner) aux pratiques de la médecine traditionnelle, parce qu'elles sont incapables de couvrir les dépenses colossales exigées par la médecine moderne.

Par ailleurs, l'ignorance et le manque d'inconscience contribuent eux aussi à cette pratique. En effet ces gens illettrés n'apprécient pas le développement de la science, et ignorent les compétences et les efforts déployés par les médecins, les considérant comme limités par rapport à ceux des guérisseurs. Ils pensent que ces derniers possèdent des techniques et des pouvoirs surnaturels hérités de leurs ancêtres.

Enfin, la perte de confiance envers les médecins suite aux erreurs médicales qui se sont multipliées ces dernières années.

A mon avis, je suis contre ce choix, parce que les pratiques et les traitements de la médecine traditionnelle ignorent énormément de choses importantes ; comme l'utilisation des plantes ou certaines substances sans tenir compte du dosage, de la fréquence ou de l'âge du patient.

De plus le guérisseur ne respecte pas les allergies des malades et ignore la possibilité que certaines plantes utilisées peuvent être toxiques. Ainsi (et) que les instruments utilisés ne sont pas stérilisés. En négligeant tout cela, des conséquences négatives pourraient aggraver la situation (l'état) du malade.

Alors, pour mettre fin à ces pratiques, on doit

organiser des campagnes de sensibilisation surtout dans les milieux où habitent les gens pauvres ou analphabètes.

Bref, le recours aux soins est sollicité par les gens, et aucune personne n'aimerait tomber malade. De ce fait, il y aura toujours cette divergence entre la médecine moderne et la médecine traditionnelle tant que les mentalités resteront figées.

Sujet :

Faut-il élargir la liberté (donner une liberté plus large aux) des adolescents ou la réduire?

Production écrite 24 : La liberté des adolescents.
Réalisée par des élèves encadrés par l'enseignant.

La liberté est un droit accordé à chaque personne, elle lui permet de faire tout ce qu'il veut. Face à ce sujet, les avis divergent : certains parents jugent qu'il est souhaitable de donner plus de liberté aux adolescents, d'autres affirment qu'il est judicieux de la réduire.

Alors qui a tort et qui a raison ?

Il est vrai que si on donne plus de liberté aux adolescents, ils vont se sentir heureux et joyeux comme s'ils étaient des poissons dans l'eau.

Cependant, je pense qu'il serait mieux pour les parents de limiter la liberté des adolescents et ce, pour les arguments que nous allons étayer/développer.

D'un côté, si on ne réduit pas la liberté des adolescents, ceux-ci risquent de devenir des délinquants : s'adonner à l'alcool, à la drogue, au tabagisme…

D'un autre côté, c'est parce qu'ils sont irresponsables, immatures que les parents doivent restreindre la liberté de ces adolescents. Est-ce qu'un adolescent de quatorze ans est capable d'être responsable de lui-même ? Est-ce qu'il peut voyager tout seul ? Bien sûr que non !

Par ailleurs, à défaut de contrôle parental, les adolescents peuvent visiter des sites obscènes, négliger leurs études et connaître par la suite l'échec scolaire, sans oublier qu'ils peuvent fréquenter de mauvais amis. Enfin, une liberté contrôlée est comme un touriste qui visite un grand musée avec un guide sans lequel il va s'égarer/se perdre.

Au terme de cette réflexion, trop de liberté ne peut qu'avoir des conséquences fâcheuses. L'idéal serait d'accorder une liberté de manière progressive, à mesure que l'adolescent grandit.

À PROPOS DE L'AUTEUR.

<u>Brahim EL HARFI.</u>

Master en didactique du FLE et du FOS.
Enseignant de littérature française et de didactique
profelharfi@ gmail com
Merci de laisser un petit commentaire si vous avez apprécié ce guide.

Facebook brahim EL HARFI

Facebook brahim EL HARFI